POLARIZADOS...
¿Y DIVIDIDOS?

CÓMO CREAR
COMUNIÓN
EN TIEMPOS
DE CONFLICTO

Antonio Pelayo
Laura Martínez Otón
Pedro Fernández Castelao
Dolores López Guzmán

Instituto
Superior
de Pastoral

Diseño: Estudio SM

© 2024, de los autores
© 2024, PPC, Editorial y Distribuidora, S.A.
Impresores, 2
Parque Empresarial Prado del Espino
28660 Boadilla del Monte (Madrid)
ppcedit@ppc-editorial.com
www.ppc-editorial.es

ISBN 978-84-288-4165-8
Depósito legal: M-11118-2024
Impreso en la UE / *Printed in EU*

Saludos

Lorenzo de Santos Martín
director del Instituto Superior de Pastoral

Buenos días. Bienvenidas y bienvenidos a este acto académico en el que el Instituto Superior de Pastoral, una vez más, mirando a la realidad, quiere reflexionar sobre este tema que está tan presente en nuestra sociedad y, en particular, en la Iglesia: la polarización.

Resuenan aquí las palabras de Jesús de Nazaret a sus discípulos en el camino a Jerusalén, donde, en aquella discusión sobre el poder, sobre quién era el mayor, de quiénes eran los primeros puestos, Jesús les dice: «No ha de ser así entre vosotros» (Mt 20,26).

No nos queremos situar, por tanto, desde los muros y las barreras que nos separan, sino que queremos profundizar en nuestra reflexión desde criterios evangélicos para poder ofrecer caminos de encuentro y de comunión.

* * *

PEDRO MIGUEL GARCÍA FRAILE
director global de PPC

Buenos días a todos. Saludos también de mi parte y de parte de PPC. No está de más repasar al comienzo de estas Conversaciones las temáticas de las que nos han precedido, celebradas de la mano del Instituto Superior de Pastoral. Empezamos hace casi diez años dedicando una jornada a *Evangelii gaudium,* que tanto impactó en la Iglesia y en la sociedad en aquel año 2014. Luego hablamos de *Amoris laetitia,* de la pastoral juvenil, de la inmigración; dedicamos otra jornada a *Fratelli tutti* y ya, el pasado año, abordamos en nuestras Conversaciones la temática de los abusos sexuales en el seno de la Iglesia.

Aunque no voy a mencionar a todos los ponentes y colaboradores de ediciones pasadas, sí me gustaría recordar a algunos, como a nuestro querido Juan de Dios Martín Velasco, tan de esta casa y también tan de PPC, a Marciano Vidal, Hans Zollner, Fernando Vidal, José Luis Segovia, Pepa Torres, Vicente Esplugues, Antonio Ávila, Juan Pablo García Maestro y tantos otros teólogos que han ido aportando unas reflexiones muy valiosas en torno a los grandes temas de actualidad en la Iglesia, como también los ponentes actuales nos iluminarán sobre la cuestión que proponemos este año: «Polarizados... ¿y divididos?».

Como asegura el papa Francisco, no estamos viviendo simplemente una época de cambio, sino un cambio de época. Cambia la forma de la religión y su papel en cada sociedad y en cada cultura. La secularización no ha provocado el final de la religión, sino su transformación. Mientras que algunas formas de religión atraviesan momentos de conmoción, otras tienen una gran vitalidad. Las instituciones religiosas tradicionales han perdido el monopolio de la religión. La globalización, que se encontraba en el culmen de su extensión, ha chocado en los últimos años con cierta resistencia, con un fuerte discurso populista: el nacionalismo y el fundamentalismo. Nuestro mundo sigue estando más conectado, pero, al mismo tiempo, más dividido. La sociedad cristiana de todo el mundo no está unida.

Las diferencias doctrinales, en cuanto a la religión, e ideológicas, en cuanto a la política, a menudo tienen raíces ocultas en las capas más profundas de la vida mental y espiritual de las personas. Quienes comparten el mismo banco en la iglesia y rezan el mismo credo pueden tener una idea muy diferente de Dios. Una de las transformaciones en el escenario espiritual actual consiste en que ha caído el muro entre creyentes y no creyentes. Ruidosas minorías de creyentes dogmáticos y militantes ateos se están quedando en el margen mientras que crece el número de aquellos en cuyas mentes y corazones penetra tanto la fe –entendida como una gran confianza– como la incredulidad –en el sentido de un escepticismo que duda–. Esto que acabo de decir no es mío. Yo no sería capaz de llegar a un análisis tan fino y tan agudo. Estos pensamientos son de Thomáš Jalíc en su libro *La tarde del cristianismo*.

Pienso que la inmensa mayoría de los cristianos de a pie tenemos la sensación de que estamos entre dos fuegos. Existe una mayoría silenciosa de creyentes que vivimos nuestra fe como podemos, somos los que somos, hijos del Concilio Vaticano II, de la reforma litúrgica, de los ricos pontificados de estos últimos cuarenta años, creyentes que asistimos atónitos a estas polarizaciones que poco tienen que ver con el Evangelio de Jesucristo. Por otro lado, existe una minoría muy ruidosa y radical que fomenta la polarización y la división.

Termino con un texto muy breve que acaban de publicar los obispos de la Subcomisión para la Acción Caritativa y Social de la Conferencia Episcopal Española con motivo de la festividad del Corpus Christi, que celebraremos dentro de unos días:

> Vivimos en una sociedad fuertemente ideologizada que lleva las polarizaciones y tensiones a los ámbitos de la economía, de la política, de la cultura, incluso de la religión. La eucaristía, sacramento del encuentro, nos capacita para nuevos tipos de relaciones sociales y nos abre al diálogo inclusivo. La mística del sacramento tiene un carácter social que refuerza la comunión entre hermanos, y de un modo particular apremia a los que están enfrentados para que se aceleren en su reconciliación, abriéndose al diálogo y al compromiso por la justicia.

Presentación

Mons. Ginés García Beltrán,
obispo de Getafe

Buenos días y un saludo muy cordial a todos, con mi agradecimiento, en primer lugar, al Instituto Superior de Pastoral, representado en la persona de su director, Lorenzo de Santos, y a PPC, presente en la persona de su director global, Pedro Miguel García Fraile, amigo y conocido desde hace muchísimos años.

Me habéis invitado a esta séptima edición de las Conversaciones PPC, que se han convertido ya en un clásico del encuentro para la reflexión cultural, teológica y pastoral. Cada año ponéis sobre la mesa un tema de actualidad que interesa a todos y que interpela. Es un momento precioso para el diálogo y para el encuentro. Creo que nadie, hoy, puede poner en duda que el tema propuesto para este año es, como diríais los periodistas, de rabiosa actualidad.

Vivimos, ciertamente, en un mundo polarizado. Sin entrar en lo que será el contenido de esta jornada, que va a ser abordado por observadores privilegiados, como esta primera ponencia que vamos a escuchar, o por especialistas, creo necesario afirmar que la polarización social –y también la eclesial– es una realidad que se extiende de modo evidente y, yo diría, desgraciadamente.

Al preparar esta intervención breve se me ocurrió ir al diccionario para sacar las acepciones de la palabra «polarización». De entre ellas escogí dos: una que decía: «Concentrar la atención o el ánimo en algo», y la otra: «Orientar en dos direcciones contrapuestas». La primera acepción habla de concentración, que puede ser positiva si es una actitud de búsqueda o de reflexión, o, por el contrario, puede ser negativa al hablar de cerrazón en torno a uno mismo, o a algo, o a una idea, o a un sentimiento, poniendo en ello no solo la atención, sino también el ánimo; la segunda acepción habla de direcciones opuestas, alejadas, donde no hay lugar para el encuentro.

La polarización nos «encastilla» en nosotros mismos y va haciendo crecer cada vez más la distancia con los demás, incluso con la realidad, y esto sí que es grave. La polarización nos hace aislarnos de la propia realidad. Pensamos que nuestra realidad es la Verdad absoluta. Construimos nuestra propia realidad, que excluye a los demás. La polarización tiene mucho de egoísmo y crea muros que nos separan y nos oponen. Está claro que la polarización engendra más polarización.

Los extremismos son siempre el embrión de nuevos extremos en la posición contraria. No hemos más que mirar la sociedad para ver este fenómeno en la política, en las comunicaciones, en las relaciones sociales e institucionales, y también en la Iglesia. La polarización nos impedirá construir algo sólido y con fundamento.

Hace poco leía un artículo de un teólogo nada sospechoso de proponer un estancamiento en la Iglesia y, refiriéndose al camino sinodal, llamaba a la reflexión, a la prudencia y a la paciencia. En la historia de la humanidad –también en la historia de la teología, en la historia de la Iglesia–, los períodos de recepción –la *receptio* de un documento, de un acontecimiento…– son quizá, muchas veces, más interesantes y más fructíferos que el mismo acontecimiento o el mismo documento, incluso que su realización.

Al hablar de polarización hemos de recordar que no es lo mismo «radicalidad» que «radicalismo». «Radicalidad» viene de «raíz»; «radicalismo» muchas veces está tejido de «intransigencia». Siempre es ilustrativo, al menos para mí, el paradigma de la torre de Babel (cf. Gn 11,1-9) y de Pentecostés (cf. Hch 2,1-13) como su contrapuesto. En la torre de Babel, la división produce desconcierto, que es el que mucha gente vive hoy, fuera y dentro de la Iglesia. La unidad reflejada en Pentecostés es lo que hace que todos oigamos hablar en nuestra propia lengua las maravillas de Dios.

El papa Francisco, refiriéndose a la Iglesia, decía en el discurso navideño a la Curia romana en 2020:

La Iglesia, entendida con las categorías de conflicto derecha/izquierda, progresista/tradicionalista, fragmenta, polariza, pervierte y traiciona su verdadera naturaleza. La Iglesia es un cuerpo perpetuamente en crisis precisamente porque está vivo, pero nunca debe convertirse en un cuerpo en conflicto, con ganadores y perdedores.

En efecto, de esta manera difundirá temor, será más rígida, menos sinodal e impondrá una lógica uniforme y uniformadora tan alejada de la riqueza y la pluralidad que el Espíritu ha dado a su Iglesia.

En este mismo sentido, en una de las muchas entrevistas que ha concedido, decía que un católico no puede pensar en *aut-aut*, y reducirlo todo a polarización; la esencia de lo católico es *et-et*. Decía el papa que la polarización no es católica, pues es el Espíritu Santo el que crea la armonía, es el que nos hace salir de la polarización. Tanto en esta jornada de reflexión como en nuestra vida cotidiana tendríamos que acudir más a ver lo que el Espíritu dice a la Iglesia.

Para ir terminando, me vais a permitir que yo proponga dos caminos contra la polarización. Uno lo encontramos en el capítulo quinto de *Fratelli tutti*, cuando habla de la caridad política, del amor político. El papa propone en este capítulo la amistad social como antídoto contra la polarización. Es un capítulo que merece la pena ser leído y releído. El segundo camino, la segunda vía, lo encontramos en *Ecclesiam suam*, de san Pablo VI, donde se nos invita a volver a una cultura del diálogo, a una cultura del encuentro, viendo en esto, como lo proponía el papa Montini, un camino de salvación, porque el misterio de la encarnación –decía él– es un misterio de diálogo, de encuentro. Por tanto, para nosotros, los cristianos, este camino no es solo una razón social, sino que es una razón, también, teológica.

Probablemente, sea este preciso momento un tiempo privilegiado en el que una de las grandes aportaciones de la Iglesia a nuestra sociedad sea luchar contra la polarización. Y os cuento un ejemplo de mi propia vida, un ejemplo extraído de dos visitas pastorales a los arciprestazgos de Leganés y Aranjuez. La visita pastoral es, como dice la Tradición, la mitad del alma del obispo –y creo que es verdad–. Estas visitas, en principio, eran institucionales, dirigidas a los ayuntamientos, pero esa visita institucional se ha convertido en un diálogo con todos los representantes políticos del ayuntamiento, de todo el arco político, y mi sorpresa fue el milagro del diálogo, hasta el punto de que en los dos casos algún concejal ha terminado diciendo: «¿Y no es posible que habláramos siempre como estamos hablando hoy?, ¿no es posible el diálogo entre nosotros?». Si con nuestra presencia, con nuestra palabra, nuestros gestos, podemos ayudar a romper la polarización y a crear una sociedad, una cultura del encuentro, quizá sea una preciosa aportación por nuestra parte.

Termino invitándoos a leer el documento que ha cocinado a fuego lento el dicasterio para la Comunicación y que fue presentado el pasado lunes. También habla de polarización al desarrollar una reflexión pastoral sobre la interacción con las redes sociales. El documento nos interpela tanto a los sacerdotes como a los comunicadores católicos a no colaborar con esta cultura de la polarización, sino fomentar la cultura del encuentro.

1

NO CEDAMOS A LA TENTACIÓN DE LA POLARIZACIÓN

Antonio Pelayo,
vaticanista, corresponsal de Antena 3 en Roma
y corresponsal de *Vida Nueva*

Quiero felicitar a los organizadores de estas Conversaciones PPC por haber escogido un tema tan atractivo como la polarización en la Iglesia y las amenazas de división en su seno.

Basta con dirigir una mirada a ciertas informaciones y escuchar algunas voces para darse cuenta de que desde hace años se han agudizado las tensiones. Podemos detectar amplios sectores eclesiales muy polarizados, tentados por la escisión o el cisma.

Enhorabuena, pues, por tan sabia elección. Por el contrario, debo decir que os habéis equivocado al escogerme a mí como primer ponente de estas conversaciones. Os lo agradezco, naturalmente, es una prueba de amistad; pero no me siento a la altura de este cometido. Yo no he sido nunca –ni he pretendido serlo– un teólogo. Mi licenciatura en Teología se remonta nada menos que a más de cincuenta años, y, además, tampoco soy un historiador de la Iglesia. El único mérito que me reconozco es el de seguir desde hace más de medio siglo el acontecer eclesial, tarea que se me ha hecho más fácil por vivir en Roma desde hace ya algunas décadas. Observador, pues, y nada más. Pido, por tanto, su comprensión para mi modesta contribución. Dejo, con mucho gusto, a mis tres compañeros de estrado, a Pedro Fernández Castelao, a Dolores López Guzmán y a Laura Otón, la responsabilidad de acometer, en profundidad, esta temática; y a los dos señores obispos, uno de los cuales ya nos acompaña, don Ginés[1], les aliente a que hagan la valoración del fenómeno que nos va a ocupar durante toda esta jornada.

Permítaseme, pues, comenzar afirmando que la polarización ha acompañado la vida de la Iglesia desde sus comienzos. No hay más que leer algunos capítulos de los Hechos de los Apóstoles y las cartas de san Pablo a los Gálatas y a los Corintios para constatar que la primera comunidad cristiana estaba muy dividida en, al menos, dos puntos. El primero, relativo a la observancia de la pureza ritual impuesta a los cristianos venidos de la gentilidad, obligados o no a circuncidarse. El segundo atañe a los contactos entre cristianos venidos del judaísmo y del paganismo en sus relaciones sociales, ya que todo contacto con un gentil implicaba para un judío una impureza legal. Controversia que, como sabemos, fue resuelta en el mal llamado Con-

---

[1] Don Ginés García Beltrán, obispo de la diócesis de Getafe.

cilio de Jerusalén, donde Pedro y Pablo, junto a Santiago, el hermano del Señor, calmaron los ánimos. Y, según san Lucas, autor de los Hechos, los apóstoles y presbíteros, de acuerdo con toda la Iglesia, zanjaron la cuestión afirmando que «hemos decidido, el Espíritu Santo y nosotros, no imponeros más cargas que las indispensables» (Hch 15,28).

En la exhaustiva historia de la Iglesia[2] dirigida por A. Fliche y V. Martin, y traducida al español gracias al titánico esfuerzo de José María Javierre, al que quiero recordar hoy especialmente, el decano de la Facultad de Teología del Instituto Católico de París, Jules Lebreton, sintetizó así el problema:

> En toda esta cuestión, la Iglesia fue paciente y comprensiva con el pasado y no hizo nada para precipitar la ruptura. Pedro y Pablo no buscaban en las obras de la Ley la fuente de la salvación, que solo reconocían en la fe en Jesús. Había otros observantes de la Ley que eran menos tolerantes: no contentos con someterse solo ellos, trataban de imponerla a todos, incluso a los cristianos venidos de la gentilidad. Las luchas de la Iglesia apostólica contra los judíos cristianos fueron dolorosas, pero el resultado no podía resultar dudoso, ni siquiera a los ojos de los extraños. La Iglesia tenía conciencia de ser libre y dueña de su destino.

[2] A. Fliche / V. Martin (dirs.), *Historia de la Iglesia*, 33 vols. Valencia, EDICEP, 1978.

Mostrando estos hechos y respetando la singularidad de los diversos tiempos históricos, me parece legítimo aquí una anticipación de lo que ha ido aconteciendo durante siglos en el seno de la catolicidad. Contraste constante de opiniones y posiciones entre los conservadores, celosos en el culto de una tradición anquilosada, y algunos progresistas, dispuestos a tirarse al monte, improvisando reformas sin fundamento y sin sustancia. En medio de ellos, un papado indeciso y muchas veces más celoso de conservar su poder que de escuchar las voces del Espíritu, que debe guiar a la Iglesia de Cristo.

Sin entrar en largas discusiones o disquisiciones históricas, solo quiero enunciar muy de pasada a fenómenos de polarización extrema, como fueron el cisma de Occidente, la Reforma protestante, la escisión del anglicanismo, el cisma de los veterocatólicos después del Concilio Vaticano I y el movimiento anticonciliar de Mons. Lefebvre, y otras muchas crisis en que la comunidad católica se vio dividida en una o varias tendencias contrapuestas.

Vengamos ahora a una actualidad más cercana a nosotros y, por lo tanto, más difícil de aislar de los propios sentimientos y actitudes a la hora de juzgarla. En el siglo XX, el fenómeno de mayor importancia y trascendencia para la Iglesia católica fue, sin duda, el Concilio ecuménico Vaticano II. Sorpresivamente anunciado el 25 de enero de 1959 por el papa Juan XXIII, lo inauguró él mismo el 11 de octubre de 1962. Su sucesor, Pablo VI, fue, como ha reconocido la historia, capaz de llevarlo a cabo y presidir, con rara sabiduría y prudencia, las tres últimas sesiones hasta su clausura el 8 de diciembre de 1965.

Con sus cuatro constituciones, nueve decretos y tres declaraciones, los dos mil quinientos padres conciliares, venidos de todas las partes del mundo, dieron un giro copernicano a la visión de la propia Iglesia. Lo que el papa Juan XXIII definió como *aggiornamento,* puesta al día y renovación de la bimilenaria institución.

Como escribió el hoy cardenal Ricardo Blázquez en su introducción a la edición de los documentos conciliares publicados por la BAC[3], el Concilio aspiraba a que nadie padeciera como un desgarrón la pertenencia simultánea a la Iglesia y al mundo moderno. Aspiraba a que la armonía entre ser cristiano y hombre de hoy sufriera solamente la tensión inscrita en el evangelio: estar en el mundo y no ser del mundo. En la expresión «nuevo Pentecostés» se condensaban las esperanzas del papa.

Es cosa sabida y documentada que en las cuatro sesiones conciliares hubo ya tensiones polarizadoras. Es más, antes de su apertura, la Curia romana, alarmada por lo que preveía que estaba por suceder, preparó una contraofensiva para bloquear todas las reformas. El primer enfrentamiento se produjo ya al inicio de las sesiones con la discusión aguerrida del esquema sobre las fuentes de la revelación, que recibió tantas críticas por parte de la mayoría de los padres conciliares que se aconsejó al papa Juan suspender el debate y crear una comisión doctrinal presidida por el superconservador cardenal Alfredo Otta-

---

[3] CONFERENCIA EPISCOPAL ESPAÑOLA, *El Concilio Vaticano II.* Madrid, BAC, 1993.

viani y el jesuita aperturista cardenal Agustin Bea. Debates y controversias incandescentes suscitaron también la declaración sobre la libertad religiosa *Dignitatis humanae* y la dedicada a las relaciones de la Iglesia con las religiones no cristianas *Nostra aetate*. Digamos, de paso, que el episcopado español militó acremente con el sector más conservador, por desgracia.

Otro tanto sucedió con la Constitución sobre la sagrada liturgia *Sacrosanctum Concilium*. El primer documento proclamado por el Concilio, el 4 de diciembre de 1963, y aprobado con 2.158 votos favorables y solo cuatro en contra. A pesar de este plebiscito, la reforma litúrgica ha sido –fue– uno de los primeros campos de polarización intraeclesial. Todo comenzó cuando, a partir de febrero de 1964, el Consejo para la Reforma Litúrgica, presidido por Mons. Annibale Bugnini, emitió una serie de decretos. El primero de ellos fue sustituir el latín por el uso de las lenguas vernáculas; siguió el de presidir la eucaristía de cara al pueblo con la necesaria reforma de los altares, la introducción de las concelebraciones y la supresión de algunos ritos de menor importancia. El 3 de abril de 1969 entró en vigor el nuevo orden de la misa, también denominado como «la misa de Pablo VI». El desconcierto que algunas de estas reformas suscitaron en el pueblo fiel lo describió con su habitual sagacidad humorística Antonio Mingote. En una de sus viñetas aparecidas en *ABC* se veía un sacerdote joven diciendo: «El Señor esté con vosotros», a lo que una de las dos viejecitas que asistía a la misa le decía a la otra: «Esto quiere decir *Dominus vobiscum*».

En mi modesta experiencia pastoral, la reforma litúrgica se introdujo mal, con demasiada prisa. No se supo explicar a los fieles su real significado, no se tuvo en cuenta el cambio drástico de sensibilidad que suponía para muchas personas mayores. Lamentablemente, dio origen también a abusos y falsas libertades en las celebraciones eucarísticas que desvirtuaron su carácter sagrado, por no hablar del empobrecimiento dramático del repertorio musical y de otros aspectos estéticos. Ahí nació un rechazo a las reformas conciliares que, en algunos casos, fue profundizándose a medida que pasaba el tiempo.

Sin poder entrar demasiado en detalles, creo poder afirmar que esta fue la primera causa de la rebelión de Mons. Marcel Lefebvre, quien opuso una resistencia obstinada a la reforma litúrgica del Vaticano II. Poco a poco fue viéndose muy claro que la suya era una radical oposición a la autoridad del Concilio y, por consiguiente, a la del papa. Esta se consumó con la ordenación episcopal de cuatro presbíteros en Ecône (Suiza) el 29 de junio de 1988. Ordenación a la que tuve la desgracia –o la oportunidad– de asistir, violando todas las normas vigentes y entrando en una fase precismática. Se han sucedido en el tiempo numerosas iniciativas vaticanas para poner fin a la rebeldía del fundador y de sus sucesores al frente de la Fraternidad San Pío X, entre ellas, la supresión de la comunión de los cuatro obispos ilegítimos, decidida por Benedicto XVI. Hoy estamos ante un estancamiento de la situación que no parece abocar a una solución positiva.

Tras el Concilio advino la minitempestad suscitada por la decisión de Francisco de reducir las posibilidades de celebrar la eucaristía según el ritual preconciliar autorizado por el papa Benedicto XVI con el *motu proprio «Summorum pontificum»*. Sobre este tema se ha pronunciado muy recientemente el papa latinoamericano en su conversación con los jesuitas húngaros, a los que recibió después de su reciente viaje a Budapest, en el que le pude acompañar. El peligro hoy es el «indietrismo», un neologismo creado por Bergoglio para significar la marcha atrás. Dice Francisco:

La reacción contra lo moderno es una enfermedad nostálgica. Este es el motivo por el que he decidido que ahora la concesión especial de celebrar según el misal de 1962 es obligatoria para todos los nuevos sacerdotes apenas consagrados. Después de todas las consultas necesarias, lo he decidido, porque he visto que la pastoral, bien hecha por Juan Pablo II y Benedicto XVI, era usada de modo ideológico para volver atrás. Había que parar este «indietrismo» que no estaba en la visión pastoral de mis predecesores.

Pero en su respuesta, previamente, Bergoglio había ido más a fondo:

Dicen que es necesario un siglo para asimilar un concilio y sé que las resistencias son terribles. Hay un restauracionismo increíble. Es lo que yo llamo «indietrismo». Como dice la carta de los Hebreos: «Nosotros, sin embargo, no somos como aquellos que vuelven atrás». El flujo de la historia y de la gracia va de abajo arriba como la savia de un árbol que da fruto, pero sin ese flujo eres como una momia. Yendo hacia atrás no se conserva la vida jamás.

Para que el ímpetu de las reformas conciliares no decayese, los papas han ido recordando tan fastas efemérides. Lo hizo Juan Pablo II en 1985, cuando se cumplían los veinte años de la clausura del Vaticano II, con un sínodo de especial precedido por el libro del entonces cardenal Ratzinger, *Informe sobre la fe*[4], con Vittorio Messori, que suscitó reacciones contrapuestas entre los que defendían el espíritu conciliar, a veces interpretado abusivamente, y los que proclamaban como norma indispensable atenerse a la letra del Vaticano II.

Al cumplirse los sesenta años de la Asamblea ecuménica, Francisco presidió en la basílica de San Pedro una magna ceremonia, precedida por una procesión de más de doscientos cincuenta obispos, recordando el ingreso de sus predecesores en el aula conciliar. Uno de los párrafos más significativos de su homilía es el siguiente: «Cuántas veces se prefirió ser hinchas del propio grupo más que servidores de todos, progresistas y conservadores antes que hermanos y hermanas, de derechas o de izquierdas más que de Jesús».

Dos años antes, en su tradicional discurso a la Curia romana, en diciembre de 2020, Francisco también había hecho un llamamiento muy similar a la Iglesia. Lo acaba

---

[4] Cf. J. Ratzinger / V. Messori, *Informe sobre la fe*. Madrid, BAC, 2015.

de citar don Ginés y me centraré en la última frase: «La novedad introducida por la crisis que desea el Espíritu no es nunca una novedad en oposición a lo antiguo, sino una novedad que brota de lo antiguo y que siempre la hace fecunda».

Más recientemente, en una entrevista que concedió a una revista médica de los jesuitas estadounidenses, fue igualmente tajante: «La polarización no es católica, un católico no puede pensar *aut-aut,* es decir, «o, o», y reducirlo todo a la polarización. La esencia de lo católico es *et-et,* es decir, «y, y»: lo católico une lo bueno y lo no tan bueno.

Por si a alguno de ustedes le quedaba todavía alguna duda de hasta qué punto la polarización es casi una obsesión de Francisco, haré una última cita, recordando unas frases pronunciadas el 6 de abril en la misa crismal ante más de mil sacerdotes de su diócesis:

> Se peca contra el Espíritu, que es comunión, cuando nos convertimos, aunque sea por ligereza, con instrumentos de división, y le hacemos el juego al enemigo, que no sale a la luz y ama los rumores y las insinuaciones, que fomenta los partidos y las cordadas, alimenta la nostalgia del pasado, la desconfianza, el pesimismo, el miedo. Tengamos cuidado, por favor, de no ensuciar la unción del Espíritu y el manto de la Madre Iglesia con la desunión, con las polarizaciones, con cualquier falta de caridad y de comunión.

Si he abundado en las citas de las palabras pontificias lo he hecho para evitar dar juicios o valoraciones mías personales refugiándome en la autoridad magisterial del pastor supremo de la Iglesia católica.

No puedo dejar de referirme a otro aspecto de la polarización actual, que es la persona y la acción de Jorge Mario Bergoglio, elegido por el colegio de los cardenales como sucesor de Pedro en marzo de 2013. Todos sus predecesores, comenzando por Pío XII, conocieron un frente opositor. En el caso del papa Pacelli, solo se hizo presente en casos muy contados y de forma muy discreta. Ya con Juan XXIII, las críticas fueron haciéndose más numerosas, pero casi siempre sin asomarse al balcón de la opinión pública. No puede decirse lo mismo de Pablo VI, y basta con aludir a la catarata de críticas que suscitaron algunas de sus encíclicas, como *Sacerdotalis caelibatus* y, sobre todo, *Humanae vitae*.

Tuve ocasión de vivir la publicación de esta última encíclica en Alemania, en agosto de 1968, y aún recuerdo las furibundas homilías de sacerdotes y obispos, los artículos incendiarios de algunos teólogos y, sobre todo, la oposición total de más de un episcopado: el alemán, el belga, el holandés, entre otros. Una tormenta que se prolongó meses y meses y que hizo sufrir tanto al papa Montini que decidió no publicar ya ninguna otra encíclica.

A Juan Pablo II se le acusó de adulterar el espíritu del Concilio Vaticano II, de excomulgar la teología de la liberación o de ser un populista, un demagogo. La primera acusación, adulterar el espíritu del Concilio, fue sostenida por una legión de comentaristas, a la cabeza de los cuales figuraba Hans Küng, escoltado por otros aficionados a la teología, algunos de ellos compatriotas nuestros, cuyos nombres evito citar.

A Benedicto XVI, a pesar de su innegable prestigio teológico, se le reprochó un elitismo eclesial, una ausencia de cercanía a las realidades del mundo y, realmente increíble, su ausencia de rechazo a la plaga de los abusos sexuales. Acusación esta última injustificable, como han demostrado estudios recientes.

Vengamos ahora a nuestro querido papa Francisco. En su caso, la novedad es que sus detractores actúan con un desparpajo inusual y, en más de un caso, con una desvergüenza absoluta. ¿Cómo puede imaginarse que nada menos que cuatro cardenales le hayan planteado unas dudas doctrinales, obligándole a rectificar doctrinas por él expuestas y en el caso de no recibir la respuesta solicitada, tacharlo de hereje? ¿Es concebible que otro cardenal le haya reprochado su indolencia teológica –me refiero al cardenal Müller–, aconsejándole que se asesore intelectualmente antes de exponer su doctrina, como si el magisterio papal no estuviese protegido por la asistencia del Espíritu Santo prometido por el Señor al supremo pastor de la Iglesia?

Sin llegar a esos extremos, para nadie es un secreto que algunos sectores del episcopado norteamericano se manifiestan en posiciones contrarias a las del papa. Sectores que reciben sustanciosas ayudas económicas de estamentos muy potentes de la sociedad estadounidense, que abominan de su magisterio. Me refiero, por ejemplo, a los fabricantes y comerciantes de armas o a los *lobbies* más populares del capitalismo más devorador. Sostén monetario importante, repito, que reciben igualmente medios de información de todos conocidos, algunos de ellos también españoles.

Suscita también preocupación la orientación que puede asumir en los próximos meses el camino sinodal alemán, en cuyas últimas sesiones han dirigido voces muy críticas, por la inaceptabilidad manifestada por el papa en su día, de algunas propuestas como la ordenación sacerdotal de las mujeres o la abolición del celibato sacerdotal.

No quiero extenderme más, porque a muchos de ustedes este capítulo de polarizaciones claramente alternativas podría ocultarles la verdadera esencia de la Iglesia: una, santa, católica y apostólica, como proclamamos en el credo.

Para concluir, expreso mi convicción de que Francisco no es que se alegre, ni mucho menos, por estas manifestaciones de disidencia eclesial, pero tampoco le angustian ni le impiden proseguir su camino. Ha repetido, muchas veces, que comprende que no se pueda estar siempre de acuerdo con sus planteamientos, e incluso que se manifiesten las discrepancias siempre que se haga con honestidad y a las claras, sin tapar las confligidas adulaciones y falsas adhesiones a su sagrada persona.

2

GUÍA PARA SOBREVIVIR A LAS *FAKE NEWS* QUE SEPARAN

Laura Martínez Otón
profesora de Comunicación
Universidad Nebrija (Madrid)

Introducción

No podemos hablar de división y de polarización sin sentirnos, de alguna manera, interpelados acerca de nuestra contribución en la generación de un ambiente de crispación o de comunión en nuestra forma de relacionarnos con la realidad. Muy relacionado con esto está el consumo que hacemos de la información en los diferentes medios. Toca ahora encontrar pistas sobre qué podemos hacer para filtrar y tumbar aquellos impactos comunicativos que buscan desorientarnos, confundirnos o, dicho coloquialmente, malmeter. Lo vamos a hacer de la mano de Laura Martínez Otón.

Envuelta en múltiples tareas, Laura es profesora investigadora en la Facultad de Comunicación y Artes de la Universidad Nebrija, donde dirige el máster de radio, *podcast* y audio digital; es premio Grupo Norte en 2016 contra la violencia de género; premio Lolo de Periodismo en el año 2017. Es la secretaria general de la Unión Católica de Informadores y Periodistas de España (UCIPE), asociación de referencia en nuestro país que busca ser un foro de reflexión deontológico y debate sobre comunicación desde una mirada evangélica; además, está casada y es madre de dos maravillosas hijas. Parte de toda su experiencia y de su labor investigadora se recoge en el libro *Las «fake news» y las redes sociales en el escenario de la docencia*[1].

–¿Cómo definiríamos el término *fake news*? ¿Nos ayudas a adentrarnos en este campo?

–Es verdad que todos nos sentimos de alguna forma familiarizados con la expresión *fake news*. En el momento en que decimos *fake news* ya sabemos que estamos hablando de una noticia falsa, de algo que no es verdad. Es una expresión anglosajona.

Es realmente curiosa la vinculación de *fake news* con el ámbito de la comunicación, pues quienes somos periodistas sabemos que, cuando llega una información a un medio de comunicación, se verifica, se confirma, se investiga si la noticia es cierta o no. Y, si no era cierta, simplemente no se da o no se publica; pero, claro, este escenario cambia radicalmente con la irrupción de las redes sociales, cuan-

---

[1] L. Martínez Otón, *Las «fake news» y las redes sociales en el escenario de la docencia*. Madrid, PPC, 2022.

do, inmersos en la digitalización, ya no son los medios los que controlan lo que llamamos «la agenda *setting*»[2], la agenda informativa.

Por tanto, al hablar de fake news hablamos de una mentira y, además, de una noticia que ha sido creada para conseguir unos fines determinados. Esto nos hace pensar más allá, porque la *fake news* es una microhistoria que normalmente llega a través de las redes sociales y está creada para hacer daño a alguien, para manipular y, sobre todo, para ir fomentando un caldo de cultivo para algo que, casi siempre, no suele ser bueno.

Hemos oído muchas veces –incluso Sabina creo que lo cantaba– aquello de «por tanto, repetir una mentira no se convierte en verdad». Pero resulta que cada vez más nos venden gato por liebre, pues el acceso a la información ha cambiado. Hasta hace poco era suficiente ir a un kiosco y comprar el correspondiente periódico, estar pendiente de los informativos en televisión o estar conectados a nuestra emisora de radio. Sin embargo, en la actualidad, basta con coger nuestro móvil. Nutrirnos únicamente del móvil –más aún si no hacemos un uso selectivo de lo que consumimos– nos pone ante el riesgo de ser intoxicados desde el punto de vista informativo.

---

[2] Postular la importancia de la agenda *setting* conlleva reconocer que los medios de comunicación masivos tienen la capacidad de establecer qué información es relevante, informativamente hablando, y su graduación según su importancia.

El uso de la nueva tecnología, como todo, tiene múltiples caras: por un lado, tenemos un acceso más fácil a la información; sin embargo, y de cara al creador de contenidos, facilita la generación de información falsa. En el libro que he publicado en PPC hablo precisamente de cómo detectar esas informaciones y detectar su grado de veracidad.

A la hora de detectar noticias falsas hay indicios, como la abundancia de faltas de ortografía en las propias direcciones web de donde proceden las noticias. Sin embargo, es verdad que, conforme va madurando la digitalización, cada vez se está perfeccionando más este aspecto. Es más, incluyen imágenes que dan visos de veracidad, sin percatarnos que muchas son creadas con inteligencia artificial. Seguramente no nos hemos percatado de que llevamos mucho tiempo usando la inteligencia artificial –Google-Maps es un ejemplo de ello–.

La aplicación de la inteligencia artificial a la generación de *fake news* da lugar a resultados sorprendentes para el lector, que puede llegar a expresar: «A mí esa frase me gusta mucho», «¿será esto verdad?», «¿será posible?». Pues esto es otro indicio. En el momento en que una noticia cause este tipo de reacciones es cuando nos tenemos que parar y sospechar de su veracidad.

Otro indicio es el recurso al mundo emocional. Generalmente, lo que un medio serio de información te traslada está contrastado, verificado y, aunque puede estar sesgado por adecuarse a una línea editorial específica, es reflejo de la realidad –más allá del índice de falibilidad que todo medio tiene–. Sin embargo, las *fake news* recurren continuamente a interpelar a nuestras emociones, no a la razón, y esto provoca, por un lado, una mayor acogida y una mayor difusión que las noticias reales, pues estamos deseosos de compartir esa noticia con nuestros contactos y, por otro, aumentar una polarización social pretendida. Cuando la información falsa impacta, lo emocional se arraiga en lo más profundo de nuestras entrañas y es muy difícil erradicar.

–Hace poco recuerdo que mi jefe me mandó una noticia que decía: «El 84 % de las noticias se comparten sin leer más allá de la entradilla». En efecto, estuve tentada de compartir la noticia antes de leerla. Y he aquí lo sorprendente: el mismo titular se verificaba con mi práctica. Esto evidencia la práctica habitual de compartir noticias sin paramos a leerlas en profundidad y, mucho menos, sin ni siquiera contrastarla o reflexionarla. Esta práctica está muy relacionada con el deseo que todos tenemos de querer ser periodistas de exclusivas, convirtiéndonos, sin darnos cuenta, en generadores de una cierta información *spam*[3].

–Las nuevas tecnologías en nuestros teléfonos y tabletas y la accesibilidad que tenemos a las redes sociales nos han brindado a todos la oportunidad de convertirnos en fotó-

---

[3] Entendemos por contenido *spam* aquel que es enviado masivamente sin previa solicitud por parte del destinatario. Generalmente contiene información falsa, confusa o engañosa.

grafos profesionales y en periodistas de última hora, es el periodismo ciudadano. Sin embargo, como es lógico, no poseemos ni la formación necesaria ni las herramientas que sustentan este precioso oficio del periodismo profesional y de la comunicación, lo que nos hace ser partícipes de estas prácticas de difusión de información sin contrastar. Por otro lado, tampoco tenemos tiempo para hacerlo –ni interés–.

En mi libro menciono algunas herramientas muy sencillas para comprobar si una foto es veraz, si una noticia es auténtica o no. Lo que se necesita es voluntad y tiempo.

–En una sociedad acelerada, donde prima la falta de tiempo, en la que escuchamos los *whatsapps* a una velocidad acelerada al doble –también lo hacemos en el consumo de vídeos–, donde una conferencia de media hora la ves en quince minutos, perdemos, de esta forma, la capacidad de aplicar el sentido crítico a lo que escuchamos y vemos, dando por bueno todo lo que recibimos. Y esto también es caldo de cultivo de las *fake news*. De hecho, una tendencia que lleva a consolidar la vigencia de las *fake news* es el deseo de encontrar noticias que refuercen mis creencias o puntos de vista ante algo. Es decir, damos credibilidad a las noticias que verifiquen mis posicionamientos. Cuando las encontramos, damos por bueno el contenido sin plantearnos absolutamente su veracidad.

–A mí no me gusta usar la funcionalidad de acelerar los audios de WhatsApp y vídeos, pero sí tengo que indicar que una gran puerta que se abre a la desinformación es la información consumida a través de las redes sociales.

Es muy importante conocer cómo funcionan las redes sociales. Pensamos que las redes sociales son inocentes canales de comunicación cuando lo que hay por detrás son empresas privadas que tienen unos intereses muy determinados, intereses económicos que están supeditados a la audiencia y al tiempo que la audiencia permanezca consumiendo dentro de la red social. Aunque estoy simplificando mucho, es cierto que se traduce en retorno económico la cantidad de usuarios y el tiempo de uso de la red por su parte. Es, pues, vital para estas empresas conseguir que estemos el máximo tiempo posible conectados. Apelan a nuestra atención, y para ello no escatiman en generar *fake news* que recibimos, o bien alineadas con nuestro perfil de intereses –ya estudiado por la propia red social– u opuestas a nuestra ideología, pues esto también nos atrae, de forma que llegamos a decir: «Pero ¿cómo me llega a mí esto, si yo esto no lo he buscado nunca?». En efecto, lo que sí saben es que estamos buscando lo contrario, y como las *fake news* pretenden hacerte reaccionar desde la pasión, consiguen su objetivo. De esta forma, te mandan, o bien noticias que tienen que ver con lo que pensamos, para que así nos sumemos a esa conversación y estemos mucho tiempo conectados, o bien noticias con las que estemos en desacuerdo, para conseguir exactamente lo mismo.

Es muy importante, pues, que conozcamos cómo funcionan las redes sociales que usamos o vamos a usar. No son todas iguales. Por ejemplo, Twitter –ahora X– es una especie de red endogámica que solamente te muestra lo que te gusta. Por ejemplo, como mi ámbito de investigación es la radio y el *podcast,* solamente me salen informaciones relacionadas, y digo: «Caramba, solo me salen cosas que tiene que ver con el *podcast».* Sin embargo, en Facebook, las relaciones son otras. En Instagram también son diversas, y, si nos acercamos a TikTok, la red social donde están nuestros jóvenes, viviremos una gran aventura. Ante esta gran variedad, lo esencial es saber quiénes están detrás de cada red social y qué intereses tienen para saber discriminar dónde está la desinformación.

–**Hasta hace poco eran los medios de información los que manejaban el flujo de información, también los centros de poder político y económico. En la actualidad, cualquiera de nosotros puede convertirse en un generador de opinión, de información. ¿Cuál es el momento en que nos podemos convertir en cómplices de la polarización buscada por los grandes poderes?, ¿cuál es la línea roja que podemos cruzar sin darnos cuenta en donde nos convertimos nosotros también en difusores de *fake news?***

–Nos convertimos en cómplices e impulsores de estas dinámicas cuando no nos estamos formando, cuando no incorporamos la alfabetización mediática y digital a nuestra vida. Con los móviles tenemos en nuestras manos un Ferrari y no nos han enseñado a conducirlo –al menos a muchos de nosotros, que no somos nativos digitales–.

De hecho, el origen de mi libro está en una invitación que recibí para dar un curso de formación a profesores en la zona sur de Madrid. En este curso abordé las *fake news* y las redes sociales. En el curso percibí que los profesores querían aprender, pero no sabían cómo hacerlo y, además, tenían miedo de hacerlo. Ante esto, la opción mayoritaria era no estar en las redes sociales porque les daban miedo, porque no las controlaban. En efecto, si no sabemos utilizar las redes sociales, somos cómplices de la diseminación de *fake news* cuando compartimos algo sin verificarlo. Y ocurre a menudo, pues no sabemos cómo verificar una información, no tenemos una mínima formación digital y una formación mediática para saber cómo se titula una noticia. Por ejemplo, una noticia tiene que ir firmada –los periodistas lo tenemos muy asumido–. Y no tenemos por qué saberlo, pero no hacerlo marca la diferencia entre dejarnos o no intoxicar por la falsa información. Por eso me decidí a escribir este libro, pues tenemos que formarnos en este ámbito, formación que es imprescindible incorporar a las aulas de Primaria, de Secundaria, de las universidades.

En conclusión, nuestra complicidad con la desinformación pasa precisamente por no ocuparnos de algo tan importante como de nuestra formación. Me gustaría hacer mención de un informe de *digital report* que publica *Hootsuite*, que nos dice que para los 8.000 millones de personas que hay en el mundo existen 8.460 millones de teléfonos móviles. Es decir, que hay más móviles que personas. De los 8.000 millones de personas hay 5.000 millones de usuarios de Internet, y de ellos 4.760 millones son usuarios de las redes sociales. Si nos centramos en España, el porcentaje es superior. Para los 47,5 millones de habitantes en España hay 58 millones de teléfonos. Es decir, que hay personas que tienen dos o tres teléfonos, y son más de un 85 % de población la que está en redes sociales. Es decir, hay 40 millones de habitantes en redes sociales, y me pregunto: estos 40 millos ¿saben estar en las redes sociales? –es una pregunta retórica–.

Y no nos olvidemos de WhatsApp. También es una red social, aunque tenga aspecto de hilo de mensajes protegidos dentro de nuestro grupo de contactos. Pero pensemos cuántos son los mensajes y las informaciones que nos han llegado por esta vía.

Todo esto explica por qué el Vaticano habla de la importancia de que los cristianos estemos presentes con participación activa en las redes sociales, considerando que estas son autopistas digitales[4].

–¿Qué es más peligroso, una noticia falsa o una riada de análisis de opiniones de noticias que, sin rozar la falsedad, sí que tratan de manipular el punto de vista hacia una realidad concreta?

–Una noticia falsa, por sí misma, no se sostiene. Es necesario crear un clima de opinión para que esas noticias falsas encajen perfectamente. Es como un gran puzle don-

---

[4] Dicasterio para la Comunicación, *Hacia una plena presencia*. Ciudad del Vaticano, 2023.

de las noticias falsas, en sí mismas, son una pieza más. Es necesario crear un caldo de cultivo.

Ha aparecido hace poco un libro titulado *Bullshit*[5], que habla de la basura que nos rodea, de la basura social que lo inunda todo a base de datos. Por ejemplo, venimos de la pandemia, donde parece que todo eran datos. Nos abrumaban con multitud de datos, como si eso fuera suficiente para producir una información veraz; sin embargo, el dato exige ser interpretado. Y es en esta interpretación donde prenden las noticias falsas, pues la interpretación se realiza a partir de corrientes de opinión generadas que van creando un determinado clima social.

–Estamos hablando sobre cómo la Iglesia no está al margen de la sociedad; por tanto, también sufre polarización y es víctima de las *fake news*. En el mismo seno de la Iglesia se han generado *fake news* contra el papa Francisco cuando comenzó con la reforma de la Iglesia. Al comienzo se habló de un papa revolucionario, y enseguida ya se hizo alusión a que podía sufrir un trastorno de la personalidad; que podía tener, incluso, una enfermedad mental, cerebral. ¿Cómo responder como cristianos a este asedio?, ¿es una responsabilidad exclusivamente de los periodistas o de los encargados de la comunicación de la Santa Sede o, como cristianos, cada uno de nosotros también puede hacer algo ante esos ataques?

---

[5] C. L. BERGSTROM / J. D. WEST, *Bullshit: contra la charlatería. Ser escéptico en un mundo basado en los datos*. Madrid, Capitán Swing, 2022.

–Creo recordar que en uno de los documentos que se publica con motivo de la Jornada Mundial de las Comunicaciones Sociales, el papa ya hace responsable a todos los cristianos, sean periodistas o no, de esta proliferación de *fake news,* porque la comunicación va más allá de los medios de comunicación.

Hay un capítulo en el libro en el que hablo precisamente de las *fake news* que hacen daño a la Iglesia, donde afirmo que el mayor enemigo de la Iglesia es la propia Iglesia, es decir, los ataques que se sufren desde la propia Iglesia. Volvemos a lo anterior: si tú eres un cristiano que estás informado y formado, pues no te vas a creer que el papa está en una discoteca tomando copas por mucha foto de ChatGPT que esté circulando por redes. De esta manera, estando bien informados y formados, podemos neutralizar este tipo de informaciones. Fuentes de información fiables son la página web del Vaticano, los medios de comunicación católicos de referencia, etc.

–Nombras en el libro el término «infoxicación», es decir, la intoxicación por exceso de información. Tal y como están evolucionando los medios de comunicación, la proliferación de información en las redes sociales, ¿habrá un punto de no retorno donde no seamos capaces de distinguir la información falsa de la real, lo importante de lo accesorio?

–El escenario de la comunicación ha cambiado por completo. Las redes sociales y la digitalización lo han revolucionado todo. Además, contamos con la irrupción del uso de la inteligencia artificial. Yo no hablaría de punto de no retorno, sino de la necesidad de que el ciudadano se tome la comunicación de una manera completamente distinta y que se vaya formando para lo que está por venir, tomando conciencia de fuentes fiables por donde fluye la información en todos los ámbitos para que no nos engañen, tanto a nivel político como social o eclesial.

A nadie se nos oculta la dificultad. Un estudio vaticinaba que el año 2022 iba a haber en Internet más noticias falsas que verdaderas. Seguramente se ha cumplido y no sé en este 2023 por dónde está este índice. Pero, insisto, no creo que nos acerquemos a un punto de no retorno, sino partir de un punto diferente en el que tengamos que enfocar los asuntos de otra manera.

Con mucha paz hemos de ser conscientes de que en el mundo –y también en la comunicación– conviven el mal y el bien. Y ante la sospecha de la proliferación de *fake news* que provocan polarización, dejar nuestra impronta cristiana, poniendo en práctica la misericordia y la caridad, sin entrar al trapo de las provocaciones, sin insultarnos, sin levantar la voz. Debemos trabajar mucho en esta línea, primero como ciudadanos y después como colectividad, cada uno en nuestros grupos de influencia. Esto es clave para tener la presencia que nos pide el Evangelio en las redes sociales, en Internet.

–¿Nos puedes ofrecer tres claves para tener la presencia que nos pide el Evangelio en nuestras redes sociales, en Internet, en nuestra comunicación?

–Las tres claves serían «estar sabiendo estar», «queriendo estar» y, la más importante, «estar preparados para que nos hagan daño».

Yo les digo mucho a mis alumnos: «¿Vosotros entráis en un vagón de metro y empezáis sin más a decir: "¡No me gusta la gorra que llevas, qué fea es!, ¡qué gorda eres!, ¡qué zapatos llevas más ridículos!"?». Seguramente no, porque esta actitud beligerante en la vida no la tiene la mayoría de la gente, afortunadamente. Pues, de igual modo, tampoco la tendríamos que trasladar a las redes sociales. En las redes debemos ser también buenas personas. No se trata de otra cosa, de ser coherentes y buenas personas, nada más.

Detrás de este libro hay mucha investigación universitaria sobre este tema que preocupa tanto a los gobiernos de toda Europa. La Unión Europea está emitiendo muchas directivas en pro de fomentar la alfabetización digital y mediática, ya que los grandes poderes nos quieren cuanto más ignorantes mejor, porque es más fácil manipular al rebaño. Hay mucha gente implicada en el fomento de la alfabetización digital y comunicativa, lo que pasa es que no se ve, pues muchas veces se queda reducida esta labor al mundo de la academia, al mundo de la universidad. Es vital que se trasladen todos los estudios al medio donde habitamos los mortales, para educar nuestro comportamiento en redes sociales, para que lo hagamos tal y como lo haríamos en una situación presencial.

El papa nos habla muchas veces de las periferias. Ahora existen también las periferias digitales. Los cristianos tenemos que estar en esas periferias y ser reflexivos, no re-

activos. Esta actitud es esencial para reducir los enfrenta-
mientos y mejorar la convivencia.

**–Una palabra sobre la amenaza de la inteligencia ar-
tificial.**

–Para abordar el reto de la inteligencia artificial necesi-
taría una ponencia completa. Respecto a este asunto, a mí
me gusta ser siempre muy optimista, no hay que tener
miedo a las herramientas, hay que tener miedo a las personas que están usando estas herramientas.

La inteligencia artificial puede beneficiarnos en muchí-
simas cosas, pero es necesario ir desarrollando antes una
legislación que regule su uso. Paralelamente, hay que ir
generando la formación necesaria para que quienes estemos en contacto con esta tecnología sepamos discernir su
uso correcto.

Por tanto, respecto a este asunto tengo la misma actitud
que ante las redes sociales: no demonizarlas. Creo que tienen su lado. Son herramientas, como un cuchillo. Tú puedes utilizar un cuchillo para hacerte una comida muy rica
o, en efecto, para acabar con alguien.

**–¿Percibes mucha polarización entre los comunica-
dores católicos?**

–La Iglesia está formada por personas, con sus carismas
y con sus diferencias, y como personas que vivimos en
esta sociedad también somos sensibles a la polarización.
Por tanto, tengo que decir que sí, que entre los propios
comunicadores católicos –no quiero llegar a decir nom-

bres– las *fake news* se difunden y se retroalimentan. A veces se sobreponen los propios intereses a los criterios profesionales. Y volvemos a lo de antes, si proliferan las *fake news* en medios católicos es porque existen unos intereses de un grupo interesado en crear un caldo de cultivo específico para la propagación de noticias falsas.

No quiero generalizar, ni muchísimo menos, pues yo misma pertenezco a la Unión Católica de Informadores y Periodistas de España, que defendemos la búsqueda de la verdad.

3

REFLEXIONES TEOLÓGICAS
ANTE EL PELIGRO
DE LA POLARIZACIÓN EN LA IGLESIA

PEDRO FERNÁNDEZ CASTELAO
profesor de Antropología Teológica
Universidad Pontificia Comillas (Madrid)

Una caravana hacia el oeste

En 1967 se estrenó una película protagonizada por Kirk Douglas y Robert Mitchum titulada *Camino de Oregón (The Way West)*. En ella se cuenta la historia de un viaje de una caravana de cientos de colonos, a lo largo de unos 2.500 kilómetros, en dirección al salvaje Oeste. El senador William Tudlock (Kirk Douglas) lidera la expedición, pero quien verdaderamente conoce el camino es el explorador Dick Summers (Robert Mitchum). Junto a decenas de familias que abandonan Misuri para buscar fortuna en Oregón, tanto el político como el explorador deberán afrontar innumerables peligros, gravísimas disputas internas y extremas dificultades, sobre todo cuando tienen que atravesar el inquietante territorio de los indios.

A veces me gusta imaginar la Iglesia como una caravana de hombres, mujeres y niños que camina a lo largo de una travesía similar. En ella hay, ciertamente, momentos de vida, celebración y júbilo, pero también los hay de muerte, angustia y desesperación. Alguien tiene que ejercer el deber de liderar y gobernar. Otros deben explorar caminos y reconocer el territorio. Y aún otros habrán de ocuparse de la logística y la intendencia. Todos son necesarios, nadie sobra y el ritmo de la marcha del conjunto ha de adaptarse al paso de los más lentos, para que nadie se quede atrás.

Me parece que es esta una bella y acertada imagen en la que se puede percibir con mucha claridad algo importante que quisiera compartir con todos ustedes esta mañana. Me refiero al hecho de que, en la Iglesia, como en la caravana, existen innumerables tensiones, conflictos y polarizaciones. De hecho, en muchas ocasiones, esto no solo da lugar a posturas enconadas, sino también –lamentablemente– a un frentismo militante que, a veces, llega incluso a excluir al que piensa diferente, a amenazar con quebrar la convivencia y a promover, en los casos más extremos, conductas de acoso y violencia bien visibles, cuando menos, en las redes sociales. La paradoja se encuentra en que quienes hacen todo esto, dividiendo, denunciando, enconando y enfrentando, lo hacen en nombre de Jesucristo y creen luchar por el Evangelio y por el bien de la Iglesia y por la pureza de su doctrina.

Esta es la realidad que me gustaría analizar hoy aquí: el peligro de polarización en la Iglesia en el marco de la reforma de Francisco, es decir, en el viaje que la caravana de la Iglesia está haciendo desde el peligro de «autorreferencialidad» al reencuentro de sí misma como Iglesia que sale de sí[1].

La tesis sobre la polarización

La idea principal que quisiera formular en esta intervención y que me gustaría desarrollar y defender en lo que sigue se podría enunciar así: una cosa son las polaridades y otra la polarización. Y, siendo las polaridades –como en breve demostraré– algo esencial en la vida del ser humano, en la configuración de las sociedades y también en la vida de la Iglesia, la polarización es, por el contrario, un riesgo, un peligro, un abismo que hay que evitar. Las polaridades son tensiones recíprocas entre realidades contrapuestas que, en sí mismas, no son negativas, sino necesarias y hasta saludables. Son garantes de la riqueza de la vida. Las polarizaciones no. Las polarizaciones son degeneraciones indebidas de las polaridades y se producen cuando un polo de la relación se acentúa y se absolutiza hasta negar y aniquilar a su contrario.

El contexto eclesial en el que nos situamos es el de la reforma del papa Francisco. ¿Cómo afrontar el peligro de la polarización aquí y ahora?

---

[1] Cf. S. Madrigal, *De pirámides y poliedros. Señas de identidad del pontificado de Francisco*. Santander, Sal Terrae, 2020, pp. 84-85, donde se pueden ver los apuntes del cardenal Bergoglio de 9 de marzo de 2013 para su intervención en las Congregaciones Generales previas al cónclave.

Adelanto lo esencial: no se combate ni se supera la polarización evitando, postergando o anulando, por miedo, la reforma de la Iglesia, sino, al contrario, profundizando en ella según el crecimiento de los árboles, es decir, hacia las raíces y hacia arriba, según criterios no aparentes, sino verdaderamente concordes con el Evangelio de Jesús de Nazaret.

Polarización y polaridades

¿Por qué digo, en primer lugar, que el peligro de polarización en la Iglesia es un riesgo inherente a todo intento de reforma? Por algo muy sencillo, y es que, en la Iglesia, como en toda realidad, existen muchas y muy diversas polaridades que, en sí mismas –insisto–, no tienen nada de malo. Antes bien, al contrario, son muy positivas y, por su propia naturaleza, son muestras inequívocas de la diversidad y pluralidad de la vida.

¿Qué entiendo por polaridad? Llamo «polaridad» a lo mismo a lo que Romano Guardini llamó «contraste» *(der Gegensatz)*. Dice el autor alemán: «Esta relación especial, en la que dos elementos se excluyen el uno al otro y permanecen, sin embargo, vinculados e, incluso […] se presuponen mutuamente; esta relación que se da entre los diferentes tipos de determinaciones –cuantitativas, cualitativas y formales– la llamo *contraste*»[2].

---

[2] R. GUARDINI, *El contraste. Ensayo de una filosofía de lo viviente-concreto.* Madrid, BAC, 1996, p. 79. La influencia de Romano Guardini en Jorge Mario

El contraste o la polaridad es, por ejemplo, la relación que caracteriza a *los dos focos de una elipse*. Como se sabe, ambos son necesarios para que la elipse exista como tal, de manera que si uno no existiera tampoco existiría el otro y, sobre todo, no podría existir la figura en su totalidad. Los dos focos son distintos, pero permanecen vinculados. La relación que los une es, precisamente, aquella que los diferencia, puesto que se trata de una relación de oposición. Un foco no es el otro y el otro no es el uno, pero ninguno de los dos puede existir por separado, sino que ambos viven conjunta y recíprocamente, dando lugar a la totalidad de la figura en la diferencia mutua que los enfrenta. Eso es una polaridad: *la relación necesaria de mutua implicación de dos realidades contrapuestas*.

En los análisis ontológicos que Paul Tillich ofrece en la segunda parte de su *Teología sistemática* –el ser y Dios– cuando se detiene a estudiar los principales pares de elementos que constituyen y dan cuerpo a la estructura ontológica fundamental «yo-mundo», el teólogo luterano señala tres polaridades: a) la individualidad y la universalidad; b) la dinámica y la forma; c) la libertad y el destino[3].

a) No existe ningún individuo que no participe de un todo mayor. Los sujetos somos alumbrados en familias.

Bergoglio la ha estudiado M. BORGHESI, *Jorge Mario Bergoglio. Una biografía intelectual*. Madrid, Encuentro, 2018.

[3] Cf. P. TILLICH, *Teología sistemática*. Salamanca, Sígueme, 1981, p. 215; P. CASTELAO, *El trasfondo de lo finito. La revelación en la teología de Paul Tillich*. Bilbao, DDB, 2000; ID., *La escisión de lo creado. Creación, libertad y caída en el pensamiento de Paul Tillich*. Madrid, Universidad Pontificia Comillas, 2011.

Las familias forman pueblos; los pueblos, sociedades; las sociedades, Estados, y todos los Estados del mundo contienen, de una forma u otra, a todos y cada uno de los miembros de la especie humana. Quiere esto decir que toda individualidad vive siempre en una relación polar con la universalidad a la que pertenece y no se puede comprender la una sin la otra. Los difíciles años de la reciente pandemia de coronavirus nos lo han hecho meridianamente evidente: o nos salvamos todos o no se salva nadie[4]. Individualidad y universalidad. He ahí dos focos de una misma elipse.

b) Lo mismo sucede con la dinámica y la forma. Se entiende muy bien lo esencial si observamos los procesos de la vida. Todo cuanto existe tiene una determinada forma, pero existir –es decir, estar vivo– significa poseer una vitalidad que día a día nos impulsa a desarrollar y a crear nuevas formas de realizar, expandir y conservar el ser que somos. Vivimos en constante cambio y continuo crecimiento, pero siempre somos nosotros en todos los cambios y en todos los movimientos. He ahí la relación polar entre la dinámica y la forma, entre la fuerza que nos impulsa siempre hacia adelante, a la conquista del futuro, y la necesidad de reposo y cristalización que reafirme nues-

---

[4] Cf. P. Rodríguez Panizo, *Rumor de eternidad. En torno a la fe, la razón y el tiempo*. Santander, Sal Terrae, 2022, 19-70; P. Castelao, «No somos islas. Somos tejidos. Formamos parte de un cuerpo social al que pertenecemos», en https://www.religiondigital.org/opinion/Pedro-Castelao-teologo-islas-tejidos-cristianismo-mundo-despues-pandemia-totalitarismos-peligro_0_2223377654.html (24 de abril de 2020).

tras raíces en el pasado y también conserve lo que estamos siendo en el presente. Dinámica y forma. Otra elipse con sus focos.

c) ¿Qué decir de la polaridad entre la libertad y el destino? Pues algo muy similar, puesto que también aquí nos encontramos ante una interesantísima y muy central relación de mutua interdependencia no siempre bien comprendida. La libertad, dice Tillich, «se experimenta como deliberación, elección y responsabilidad» 5. No es una cualidad especial de la voluntad humana, que se puede tener o no. Es el hombre mismo en su totalidad, en su estar dado en el mundo y en la necesidad que continuamente experimenta de autodeterminarse. El destino no es lo contrario a la libertad, sino el espacio físico, social, vital y existencial en el que el ser humano vivencia su propia libertad, es decir, la propia determinación de su vida. No hemos escogido la familia en la que hemos nacido ni nuestra lengua materna. Ni el color de nuestros ojos ni nuestra herencia genética. Eso es destino, es decir, circunstancia. Y lo importante es percibir que, sobre este destino previo, que no estuvo en nuestra mano escoger, ejercemos, en nuestra biografía, el desarrollo de nuestra libertad. Se percibe, pues, la polaridad que hay entre el destino y la libertad, es decir, entre las condiciones de posibilidad de nuestra vida y el modo concreto que cada uno tiene de actualizarlas. Libertad y destino. Una nueva elipse.

---

5 P. TILLICH, *Teología sistemática*, o. c., p. 239.

Es evidente, por todo lo dicho acerca de estas tres polaridades, que, en sí mismas, las polaridades no tienen nada de malo. No lo tienen en la vida humana y en la sociedad, y tampoco lo tienen en la Iglesia. Al revés, son parte estructural y necesaria. Esto se verá con más claridad si, de entre las muchas que se podrían señalar, enuncio algunas de ellas en dos planos diferentes: un primer plano dogmático y otro segundo plano pastoral.

Cuatro polaridades de la Iglesia en el ámbito dogmático

Señalaré tan solo cuatro, aunque podrían estudiarse muchas más[6].

La identidad de Jesucristo: verdadero Dios y verdadero hombre

En plano dogmático se podría decir que es consustancial e inherente al símbolo de la fe cristiana una primera afirmación polar respecto a la identidad de Jesucristo, con un doble foco extraordinariamente interesante.

El Concilio de Calcedonia, convocado por el emperador Marciano en el año 451, afirmó en su quinta sesión,

---

[6] Cf. B. Daelemans, *La fuerza de lo débil. Paradoja y teología*. Santander, Sal Terrae, 2022.

celebrada el 22 de octubre, que Jesús de Nazaret, nuestro Señor, es «perfecto en la divinidad y perfecto en la humanidad; verdaderamente Dios y verdaderamente hombre [...]; consustancial con el Padre según la divinidad y consustancial con nosotros según la humanidad»[7]. No es este ni el momento ni el lugar para profundizar en términos cristológicos en el origen, la significación y el alcance de semejantes afirmaciones, pero sí lo es de subrayar su singularísima estructura formal. ¿Quién no ve aquí la presencia de una profunda e inefable polaridad en una confesión de fe que relaciona con el vínculo de la necesidad dos afirmaciones, en principio, contrapuestas?

Verdadero Dios y verdadero hombre. Y las dos cosas al mismo tiempo sin que quepa diluir una en la otra o la otra en la una –como habría querido Eutiques subsumiendo la humanidad en la divinidad– ni tampoco relacionarlas con una mera yuxtaposición externa –como había propuesto Nestorio–. Nunca se insistirá lo suficiente en que las afirmaciones de esta alta cristología no son afirmaciones al mismo nivel ni conviene hacer con ellas combinaciones aleatorias como si jugásemos con piezas de un puzle. Son formulaciones dogmáticas de un misterio de fe, hitos del pensamiento teológico por debajo de los cuales ya no es posible situarse, pero tampoco se las puede concebir como

---

[7] DH 301. Cf. A. GRILLMEIER, *Cristo en la tradición cristiana*. Salamanca, Sígueme, 1997; W. KASPER, *Jesús, el Cristo*. Salamanca, Sígueme, 2012; W. PANNENBERG, *Teología sistemática* II. Madrid, Universidad Pontificia Comillas, 1995, pp. 351-426.

indigestas ruedas de molino que hay que deglutir. Toda afirmación dogmática es susceptible de profundización, aclaración, desarrollo. No hacia atrás, como si fuese posible regresar a estadios del pensamiento en que aún no había sido formulada, sino hacia adelante, hacia nuevas perspectivas que la ahonden y la vuelvan más transparente[8].

Porque de lo que se trata en cristología es de afirmar los dos focos de esta elipse de forma conjunta y simultánea, de manera que el énfasis que hacemos sobre el uno redunde en el énfasis recíproco sobre el otro, evitando, en todo caso, cualquier tipo de disyunción y sabiendo que, con esto, no definimos, ni agotamos, ni atrapamos el misterio inefable de la identidad de Jesús de Nazaret[9]. Esta con-

---

[8] Indudablemente, sí es posible y muy necesario en la investigación teológica reconstruir los pasos históricos a través de los cuales se ha ido gestando una determinada formulación, y para ello es necesario, por supuesto, situarse, también, en los períodos en los que aún no había sido formulada. Pero esto es solo un ejercicio heurístico, porque, en realidad, no se puede regresar a ese tiempo. De hecho, no ha de olvidarse que esa reconstrucción se hace siempre desde un presente en el que, objetivamente, las formulaciones dogmáticas ya han sido irreversiblemente formuladas, y el reto de esos estudios solo puede consistir en profundizarlas y aclararlas y no, por supuesto, en oscurecerlas, negarlas o evitarlas. Lo contrario es ficción teológica y olvido de la fáctica realidad eclesial tal cual existe.

[9] Tengo para mí que, siendo clara e indudable la humanidad de Jesús para nuestro contexto actual, permanece como un reto todavía no solucionado satisfactoriamente el desafío de explicar de una forma clara y convincente qué significa que el hijo de María y José sea confesado como Dios. Cf. P. Castelao, «Aproximación a la divinidad de Jesús», en *Selecciones de Teología* 219/55 (2016), pp. 163-170; G. Uríbarri, *El hijo se hizo carne. Cristología fundamental*. Salamanca, Sígueme, 2021; A. Torres Queiruga, *Repensar la cristología. Sondeos*

ciencia del carácter inaprehensible del *Logos* encarnado es la razón de que el concilio confiese la unidad del Unigénito optando por fórmulas más propias de una teología negativa, cuando afirma en él, a continuación, las «dos naturalezas, sin confusión, sin cambio, sin división, sin separación»[10].

Nos equivocaríamos completamente si pensásemos que una polaridad es sinónimo de contradicción. Un león es un león. Una cabra es una cabra y un dragón es un dragón. Son tres animales diferentes y sería contradictorio afirmar que existe en el espacio y en el tiempo un animal con cabeza de león, cuerpo de cabra y cola de dragón. No puede ser. Sin embargo, como se sabe, esta es, precisamente, la definición que da la mitología clásica cuando se le pregunta qué es una quimera. En efecto, una quimera es ese animal mitológico que hibrida en sí esas tres bestias, aunque desarrollos posteriores de la tradición la concebirán también como un monstruo de cuatro cabezas. Sea como fuere, es obvio que las contradicciones solo existen en la imaginación y que adentrarse en ese terreno, por sugerente que sea, nos aleja del realismo de las claves de un discurso verdaderamente iluminador en el ámbito del concepto.

Pues bien, como una quimera, como un monstruo híbrido de dos naturalezas antagónicas es como propone

---

hacia un nuevo paradigma. Estella, EVD, 1999; O. González de Cardedal, *Cristología.* Madrid, BAC, 2020.
[10] DH 302.

Rafael Argullol comprender la identidad de Jesucristo en su ensayo *Pasión del dios que quiso ser hombre*[11]. Como si Jesús de Nazaret fuese una extraña y absurda fusión bipartita entre dos naturalezas antagónicas e inmiscibles que se mantienen imposiblemente unidas de una forma que ni santos ni teólogos habrían logrado captar verdaderamente. Solo a los artistas –a los grandes artistas, sobre todo pintores– les habría sido dado el haber captado la verdadera naturaleza del Verbo encarnado: la naturaleza de una quimera, de un monstruo medio dios y medio hombre que, con toda su celeste divinidad, se habría fusionado con una humanidad precaria.

No he encontrado otro ejemplo más claramente elocuente de una inadecuada comprensión de las polaridades del Concilio de Calcedonia, adulteradas ahora en forma de contradicciones conceptuales. Insisto en que una polaridad no es una contradicción. Jesucristo no es una quimera. Las afirmaciones dogmáticas de la Iglesia no son contradicciones absurdas que, en el plano horizontal del pensamiento, nos obligarían a confesar sinsentidos, hibridaciones conceptuales imposibles, haciendo del hijo de María un monstruo incomprensible. Son símbolos conceptuales que apuntan más allá de sí mismos hacia una realidad que los sobrepasa y que, por su propia naturaleza de misterio, no se agota en ninguna definición que la señala.

---

[11] R. Argullol, *Pasión del dios que quiso ser hombre*. Barcelona, El Acantilado, 2014.

Tenemos aquí un rasgo capital de toda polaridad en la Iglesia: tomadas de forma aislada y leídas únicamente de forma horizontal –es decir, remitiéndose solo de un polo al otro y viceversa–, las afirmaciones polares parecen oponerse sin remedio, sin ser capaces de significar nada provechoso más allá de su mutua implicación. Por el contrario, cuando son comprendidas en su auténtica dinámica simbólica –como verdaderos símbolos de la fe– despliegan toda su capacidad significativa al activar su potencia remitente y trasladar el sentido de lo afirmado a su verdadera realidad, a saber: el misterio infinito de Dios que ninguna formulación humana puede abarcar completamente y agotar de forma absoluta. Lo enseñó muy bien Nicolás de Cusa cuando comprendió que Dios se encontraba siempre más allá de toda coincidencia de los opuestos[12]. Por eso, las polaridades dogmáticas en la Iglesia no son contradicciones, sino paradojas que siempre dan que pensar en un proceso de mayor profundización que nunca se concluye del todo[13].

---

[12] Cf. NICOLÁS DE CUSA, *La visión de Dios*. Pamplona, Eunsa, 1994; ID., *La docta ignorancia*. Buenos Aires, Aguilar, 1961; ID., *Un ignorante discurre acerca de la sabiduría*. Buenos Aires, Eudeba, 1999.

[13] Sobre la idea de la paradoja, permítaseme remitir a los capítulos V y VI de P. CASTELAO, *La escisión de lo creado*, o. c., pp. 217-307. Cf. también S. KIERKEGAARD, *Migajas filosóficas o un poco de filosofía*. Madrid, Trotta, 2001. Como es sabido, el concepto de paradoja es uno de los conceptos clave en el pensamiento de Kierkegaard en su interpretación filosófico-teológica del cristianismo. A este respecto pueden verse sus propias consideraciones en el tramo final de una obra tan representativa de su pensamiento como es La enfermedad mortal (o de la desesperación y el pecado). Madrid, Guadarrama, s. f, pp. 191ss, donde no solo

Creador y criatura: trascendencia e inmanencia

Lo mismo sucede, también en el plano dogmático, cuando la fe de la Iglesia sostiene que Dios, en relación con el universo, es confesado como el creador del cielo y de la tierra. Lo cual significa, por un lado, que ninguna de las cosas que hay en el universo puede ser identificada con él y, por el otro, que nada hay en el mundo dejado de la mano de Dios. Dicho de otra forma: Dios no es un objeto intramundano, pero ningún objeto intramundano puede existir sin él.

Digámoslo en una formulación más claramente polar: Dios es absolutamente trascendente a la creación y absolutamente inmanente en ella. Y las dos cosas al mismo tiempo, pues la diferencia cualitativa que convierte al Creador en fundamento absoluto, sostén continuo y consumación definitiva de todas las figuras creadas, es, precisamente, la que posibilita que la proximidad, la cercanía y la intimidad que Dios tiene respecto a su creación sea, incluso, mayor que la que la creación tiene respecto de sí misma[14].

---

afirma que «la paradoja es en realidad la consecuencia relativa a la doctrina de la redención» (p. 191), sino que, además, la relaciona con otras dos categorías muy significativas de su concepción, a saber: el escándalo y la diferencia cualitativa entre Dios y el hombre. Baste con un simple botón de muestra: «La posibilidad del escándalo radica en el hecho de que entre Dios y el hombre haya esa diferencia cualitativa de que tanto hemos hablado. Por eso nadie podrá eliminar la posibilidad del escándalo. Dios se hace hombre por amor». La encarnación es para Kierkegaard la concreción histórica de lo que él entiende por paradoja. Cf. B. Daelemans, *La fuerza de lo débil*, o. c.

[14] Cf. P. Castelao, «Antropología teológica», en A. Cordovilla (ed.), *La lógica de la fe*. Madrid, Universidad Pontificia Comillas, 2013, pp. 171-274; A.

Absoluta trascendencia y absoluta inmanencia, esa es la relación que se percibe con claridad en el discurso de Pablo en el areópago de Atenas, cuando dice a los griegos allí congregados –siempre ávidos de novedades– que el dios desconocido que él les va a anunciar es el creador de todo cuanto existe, y que ese creador no habita en templos hechos por manos humanas ni necesita nada nuestro. Ahora bien, ese Dios no está lejos de nosotros, porque en él vivimos, nos movemos y existimos, pues somos de su linaje (cf. Hch 17,24ss).

Absoluta trascendencia y absoluta inmanencia. ¿Estamos ante una afirmación contradictoria? Ya sabemos que no. Se trata de una nueva polaridad en el ámbito dogmático que ilustra igualmente la dinámica esencial de todas las polaridades dogmáticas de la Iglesia.

Los sacramentos: visibilidad e invisibilidad

Lo mismo podríamos decir si nos adentrásemos en la teología sacramental católica, cosa imposible en el marco de esta conferencia. ¿No dice la definición clásica de la tradición, en definitiva, que un sacramento es la presencia visible de una gracia invisible?[15] ¿Quién no ve aquí otra po-

---

Torres Queiruga, *Recuperar a creación. Por unha relixión humanizadora*. Vigo, SEPT, 1996.

[15] Cf. R. Schulte, «Sacramento», en *Sacramentum Mundi* 6, pp. 164-180, esp. 168: «Según su esencia, los s[acramentos] que internamente formen siempre una unidad, compuesta de "materia" (elemento, res) y "forma" (palabra: DS 1262; 1312; 1671; 3315), son signos "visibles" (DS 3315; 3857) o símbolos de la gracia

laridad entre la plasticidad de la materia de los sacramentos –ya sea agua, óleo, pan, vino, etc.– y la intangibilidad del amor de Dios que a través de ella actúa y se manifiesta?

La Iglesia como cuerpo: singularidad y unidad

Añadiré a esto una cuarta polaridad en el ámbito dogmático íntimamente relacionada con la naturaleza de la Iglesia. Me refiero a la relación de mutua interdependencia entre la singularidad de todos y cada uno de los creyentes y la unidad global de toda la Iglesia.

Ya en el año 1825 decía Johann Adam Möhler a este respecto, en el parágrafo 35 de su libro clásico sobre la unidad de la Iglesia:

> El hecho de que el principio católico enlace a todos los creyentes en una unidad no quiere decir que haya de suprimirse la individualidad de cada uno, pues cada uno ha de perdurar en el cuerpo total de la Iglesia como un miembro *vivo*. Ahora bien, la vida del individuo como tal está condicionada por su peculiaridad, que no puede, por tanto, perderse en el todo. Es más, el todo mismo dejaría de ser un ser vivo si se perdiera la vida peculiar de los individuos de que consta. Cabalmente, gracias a la variedad de cualidades de los individuos, gracias a su libre desarrollo y movimiento sin

---

"invisible" (DS 1639)»; R. ARNAU, *Tratado general de los sacramentos*. Madrid, BAC, 1994; J. M. CASTILLO, *Símbolos de libertad. Teología de los sacramentos*. Salamanca, Sígueme, 1992.

obstáculos, viene el todo a ser un organismo vivo, que florece y prospera magníficamente. Si todos los miembros del cuerpo humano se convirtieran en ojos, el cuerpo dejaría de ser cuerpo. Si se impidiera la actividad de los otros miembros y se desdeñara su contribución a la vida del conjunto, esta vida quedaría entorpecida en muchas de sus operaciones y se cortaría el aflujo de fuerzas estimulantes. A medida que se descarta la acción de ciertos miembros particularmente importantes, se paralizaría todo el proceso vital. Pero si todos los miembros actuaran sin que la actividad particular de cada uno fuera regida por *un solo* principio motor, caerían en una confusión que acabaría por igual con el individuo y el todo. La ley que prevalece para el organismo general es, por ende, imagen de lo que acontece en el cuerpo de la Iglesia *[Kirchenkörper]:* un despliegue sin obstáculos de las cualidades propias de los individuos, animados por un solo Espíritu, de forma, sin embargo, que dentro de la diversidad de dones haya un solo Espíritu[16].

¿No es evidente que la vida de la Iglesia debe conjuntar de forma armónica esa inherente tensión que siempre se da entre la legítima afirmación de la singularidad de cada uno con la igualmente legítima voluntad de unidad en el todo? ¿No hay aquí otra importante polaridad que señala la riqueza y variedad de la vida de la Iglesia que, en sí misma, no amenaza su unidad?

---

[16] J. A. Möhler, *La unidad de la Iglesia.* Pamplona, Eunate, 1996, pp. 193-194.

He señalado, como meros ejemplos, cuatro polaridades en el ámbito dogmático: verdadera divinidad y verdadera humanidad en Jesucristo; absoluta trascendencia y absoluta inmanencia en Dios creador respecto al universo; visibilidad e invisibilidad de la presencia y la acción del Espíritu Santo en los sacramentos, y, finalmente, la individualidad y la unidad de todos y cada uno de los creyentes en el cuerpo de la Iglesia universal.

Veamos ahora otras cuatro polaridades que, tal vez, tienen una concreción más pastoral, por cuanto son mucho más sencillas de percibir en la vida actual de la Iglesia, en relación muy estrecha y muy concreta con la reforma del papa Francisco. Pero no quiero enunciarlas y exponerlas de forma neutra e inocua, sino con una intencionalidad muy precisa y con vistas a responder de manera muy directa a una pregunta que contestaré al final de mi intervención.

Cuatro polaridades de la Iglesia en el ámbito pastoral

En el año 1950 se publicó la primera edición de un libro que, pese a ser rechazado y condenado en sus inicios –de hecho, se prohibió su reedición y las traducciones–, se ha convertido, con el tiempo, en un clásico de la teología del siglo XX. Su autor es el dominico francés Yves Congar, nacido en Sedán (Francia) en 1904 y fallecido en París el

22 de junio de 1995, y su título es: *Verdadera y falsa reforma en la Iglesia* [17].

En la parte central de esta erudita y voluminosa obra, Congar presenta y desarrolla las que para él deben ser las condiciones básicas de una reforma sin cisma, es decir, de una verdadera reforma *de la* Iglesia *en la* Iglesia [18]. La pregunta que quisiera responder al final de mi intervención reza como sigue: ¿se ajusta la actual reforma de Francisco a los cuatro criterios básicos que señala Congar en su trabajo? ¿Es la de Francisco una verdadera reforma de la

---

[17] Cf. Y. CONGAR, *Verdadera y falsa reforma en la Iglesia*. Salamanca, Sígueme, 2014.

[18] Olegario González de Cardedal, que firma la presentación de la cuidada nueva edición de Sígueme, afirma que «Verdadera y falsa reforma en la Iglesia habla de reforma en la Iglesia, no de reforma de la Iglesia, pues esta no es una invención humana, sino creación de Dios en la historia de los hombres» (p. 10). Una lectura atenta del libro de Congar demuestra, más bien, que no existe ni es sostenible tal contraposición, puesto que el estudio habla de la reforma de la Iglesia, en la Iglesia, es decir, de aquella reforma que realiza sin herejía ni cisma. A esto es a lo que Congar llama verdadera reforma, por contraposición a la falsa reforma, que conllevaría negación de la ortodoxia y ruptura de la unidad. Pero del análisis del autor francés no se puede extraer la conclusión –un tanto supranaturalista– de que el libro habla de la reforma en la Iglesia y no de reforma de la Iglesia, pues el mismo Congar afirma –entre otros muchos lugares– en la p. 278 de su estudio –criticando las adaptaciones mecánicas de la doctrina y apoyando un desarrollo orgánico de ella– que, «dependiendo de la orientación hacia el primero o el segundo sentido, se conseguirá una adaptación mecánica, con peligro de que se convierta en una "novedad" y en una reforma cismática, o en una verdadera "renovación", un verdadero "desarrollo", es decir, una reforma en la Iglesia, una reforma de la Iglesia, una reforma sin cisma». Los subrayados son del propio Yves Congar. Cf. también la p. 237, donde el teólogo dominico insiste en tratar como sinónimas la reforma *en la* Iglesia y la reforma *de la* Iglesia, siempre y cuando se trate de una verdadera reforma y no de una ruptura.

Iglesia en la Iglesia o estamos ante una falsa reforma del papa contra la Iglesia?

A mi modo de ver, el peligro de máxima polarización, de enfrentamiento e, incluso, de cisma en la Iglesia actual se concentra en torno a esta cuestión. Para responderla en términos más concretos acerquémonos a las cuatro principales polaridades en las que parece jugarse la autenticidad o la inautenticidad de la reforma del papa actual.

Llamo a la primera *la tensión de la fuerza,* y consiste en la polaridad entre el progreso y la conservación. La segunda es *la tensión del tiempo,* y su polaridad oscila entre la prisa y la paciencia. La tercera es *la tensión del espacio,* y su polaridad se juega entre el centro y la periferia. La cuarta es *la tensión del bien,* y su polaridad se mueve entre el pecado y la santidad.

Se podrían nombrar otras muchas, pero basten estas a fin de ser sintéticos y, sobre todo, para tratar de ir a lo sustancial[19].

---

[19] Cf. el documento que recoge la síntesis para la etapa continental europea del Sínodo 2021-2024, publicado por la Conferencia Episcopal Española el 28 de enero de 2023, https://www.conferenciaepiscopal.es/encuentro-preparatorio-asamblea-continental-enero-2023/. En la p. 4 de este documento se dice: «Detectamos que las mimas polarizaciones existentes en la sociedad laten en el seno de la Iglesia: la polarización entre diversidad y unidad y necesidad de diálogo (entre nosotros, a nivel ecuménico y con la sociedad); la polarización entre tradición y renovación (particularmente en la liturgia y en el lenguaje); la polarización entre Iglesia piramidal e Iglesia sinodal (que se manifiesta en nuestras estructuras). A este respecto, en relación con la polarización política y social en España, es de mucho interés: https://blog.cristianismeijusticia.net/2021/12/02/reflexiones-y-propuestas-sobre-la-polarizacion-politica-y-social-en-espana.

La tensión de la fuerza: progreso y conservación

No hay nada más letal para la vida de la Iglesia que la polarización entre progresistas y conservadores. Bien mirado, semejante fragmentación es un absoluto disparate en el contexto del Evangelio. En puridad, en la Iglesia no puede haber posiciones ni de izquierdas ni de derechas, liberales o conservadoras, progresistas o retrógradas, simplemente porque el Evangelio no es una ideología política, ni los miembros de la Iglesia, ciudadanos de una sociedad en conflicto. De hecho, las lecturas que hablan de las tensiones eclesiales en clave política dicen más de las lentes ideológicas de quien las utiliza que de la realidad que pretenden explicar. *La tensión de la fuerza* en la polarización entre progreso y conservación no ha de ser traducida a claves partidistas completamente ajenas al espíritu eclesial. De lo que se trata es de la fidelidad a la persona de Jesucristo, y para eso de nada valen las etiquetas ideológicas siempre cambiantes de la sociología política.

Ahora bien, ¿quién no ve que, de hecho, sí hay en la Iglesia posiciones progresistas y posiciones conservadoras? ¿Quién no advierte en ella una evidentísima tensión de fuerza que divide a los episcopados, polariza a los teólogos, enfrenta a los fieles y se traduce, finalmente, en un enconamiento general de toda la sociedad sustanciado, a fin de cuentas, en un superficial y simplicísimo estar a favor del papa o en contra de él?

No hace falta más que entrar en Internet, bucear un poco en páginas de contenido religioso y percibir las posiciones bipolarmente enfrentadas de dos ejércitos listos para la batalla. Para una batalla intraeclesial y para lo que los neoconservadores actuales –importando la idea y el concepto del mundo anglosajón– llaman la «guerra cultural»[20].

Digamos ya que estas polarizaciones se producen en la epidermis del cuerpo de Cristo, es decir, en las capas más superficiales y, por ello, también en las más visibles de la Iglesia. Pero en asuntos graves no conviene dejarse engañar por las apariencias, porque, insisto, lo que está en juego, para que la vida de la Iglesia florezca conforme a su naturaleza o se extravíe por caminos extraños, es la fidelidad a la esencia del Evangelio de Jesús. Y a dicha fidelidad pueden ser infieles tanto los llamados progresistas como los llamados conservadores. Es en lo profundo donde se juega la verdad del kerigma. Y es ahí hacia donde debemos apuntar.

En efecto, el mensaje de Jesús lo adulteran tanto los que, por modas pasajeras, diluyen su contenido, su núcleo, su especificidad en la superficie del contexto actual con adaptaciones que desatienden los valores profundos, como aquellos que lo identifican, sin más, con una anquilosada formulación del pasado que, tal vez, en su día, pudo haber sido significativa, pero que hoy ya no lo es. Los cambios que todo lo trastocan y no respetan un núcleo inmutable en el Evangelio son completamente impro-

---

[20] Cf. M. Borghesi, *El desafío Francisco. Del neoconservadurismo al «hospital de campaña»*. Madrid, Encuentro, 2022.

cedentes. Pero tampoco son aceptables los inmovilismos que nada quieren cambiar, pues ignoran la dinámica del tiempo y la necesidad de un desarrollo legítimo.

Unos son progresistas sin fundamento. Otros, conservadores recalcitrantes. La historia de la Iglesia enseña que, en teología, no solo se yerra cuando se dialoga superficialmente con el contexto del momento. También se traiciona el contenido del credo cuando se confunde su esencia con fórmulas del pasado. Si ser progresista no es garantía de ningún éxito, tampoco ser conservador inmuniza contra el error.

Las innovaciones humanistas de los seguidores de Pelagio –retomadas en el Renacimiento y renacidas hoy en tendencias neopelagianas– fracasan siempre por culpa de un infundado optimismo antropológico[21]. Y por eso son rechazadas como no conformes a la regla de fe de la confesión eclesial. Lo mismo sucede, pero en sentido contrario, con las reacciones extremas que acentúan hasta tal punto la inercia del mal en la naturaleza humana que olvidan que jamás ha existido naturaleza sin gracia[22]. Algunas posiciones extremas del agustinismo antiguo sobre la predestinación –retomadas en la Reforma por Lutero, Calvino, y curiosamente renacidas hoy en tendencias nihilistas– fracasan siempre por culpa de un infundado pe-

---

[21] Francisco, *Gaudete et exsultate. Sobre la llamada a la santidad en el mundo actual.* Madrid, San Pablo, 2018, nn. 47-62 (pp. 37-48).

[22] Cf. K. Rahner, «Naturaleza y gracia», en *Escritos de teología IV.* Madrid, Encuentro, 2004, pp. 199-224.

simismo antropológico[23]. Tampoco estas posturas son ortodoxas. Y conviene insistir en ello, pues está más extendida la idea de que es más fácil ser heterodoxo si se camina por el sendero de la innovación que si uno se ata con cadenas a las formulaciones antiguas de la tradición. No es cierto.

El jansenismo lo demuestra con suma claridad:

> Afirmaciones materialmente iguales que el año 415 eran ortodoxas en Agustín no lo serán ya en 1652 en Jansenio. Porque en Agustín no eran ortodoxas por ser agustinianas, sino porque buscaban su regla no en Agustín, considerado como un criterio o término, sino en la *Catholica*, y esta comunión las defendía desde dentro contra ellas mismas [...] Mientras que, en Jansenio, estas ideas son heréticas al ser afirmadas por sí mismas, según una lógica autónoma y abstracta en que la regla no es ya la totalidad viva de la *Catholica,* sino el texto de Agustín[24].

Por mi parte, en 2004 me referí a este mismo fenómeno denominándolo *traición semántica*[25]. El papa Francisco, en el comienzo de su pontificado, lo explicó así en el n. 41 de *Evangelii gaudium:*

---

[23] Cf. la curiosa defensa de una nueva forma de determinismo vinculada a una nueva propuesta de nihilismo amigable que hace J. ZAMORA BONILLA, *La nada nadea. Invitación al nihilismo.* Barcelona, Deusto, 2023, pp. 171-195.

[24] Y. CONGAR, *Verdadera y falsa reforma en la Iglesia,* o. c., p. 227.

[25] Cf. P. CASTELAO, «La traición semántica: un peligro real», en *Estudios Eclesiásticos* 79 (2004), pp. 289-307.

A veces, escuchando un lenguaje completamente orto-
doxo, lo que los fieles reciben, debido al lenguaje que ellos
utilizan y comprenden, es algo que no responde al verdadero Evangelio de Jesucristo. Con la santa intención de comu-
nicarles la verdad sobre Dios y sobre el ser humano, en algunas ocasiones les damos un falso dios o un ideal humano
que no es verdaderamente cristiano. De ese modo, somos
fieles a una formulación, pero no entregamos la sustancia.
Ese es el riesgo más grave.

Todavía se puede glosar esta tensión de fuerza que polariza la vida actual de la Iglesia entre el polo del progreso
y el de la conservación cuando se atiende a lo que dicen
actualmente los críticos del papa.

Quienes hace poco más de una década acusaban a teólogos innovadores de romper la comunión con la Iglesia
por proferir ciertas críticas al magisterio de Juan Pablo II
o Benedicto XVI, no tienen ahora empacho alguno en til-
dar a Francisco de hereje. No exagero. Son declaraciones
públicas y bien conocidas. Algunos son obispos y otros
incluso cardenales. Lo paradójico es que, de hecho, objetivamente, los que antes situaban fuera de la Iglesia a los
críticos de los papas anteriores –siguiendo su propia lógica– se ponen ahora ellos mismos fuera de la Iglesia al ta-
char de heterodoxo al sucesor de Pedro. Ya sucedió algo
estructuralmente similar con el caso de Leonard Feeney,
el sacerdote estadounidense excomulgado por Pío XII en
1953 por mantener una interpretación radical del axioma
extra Ecclesiam nulla salus. Quien sostenía que fuera de la

Iglesia no hay salvación fue excluido de la comunión eclesial por su interpretación rigorista de tal principio, dándose
así una lamentable paradoja que solo puede ser resuelta con
una adecuada hermenéutica de la tradición, a saber: *no es
más fiel el que más la repite, sino el que mejor la interpreta.*

¿Cómo superar esta polarización entre progresistas y
conservadores?

En primer lugar, aceptando el conflicto y señalando su
superficialidad[26]. Y, en segundo lugar, recordando que lo
que está en juego, repito, es la fidelidad a la persona de Jesús
y a su predicación del Reino, de modo que ni las tendencias
siempre cambiantes de la época ni las fórmulas cristalizadas
en el pasado la pueden suplantar. Solo se puede optar por
una *fidelidad creativa* que profundice en las raíces siempre
frescas de la Escritura para releer la tradición de la Iglesia y
traducirla adecuadamente al contexto actual. Sin este trabajo continuo que toda generación ha de llevar a cabo no
hay posibilidad de superar esa nefasta, estéril y absurda polarización entre progresistas y conservadores, es decir, de
solucionar lo que aquí he llamado *la tensión de la fuerza.*

La tensión del tiempo: prisa y paciencia

La segunda de las tensiones es la del tiempo, y su polarización oscila entre la prisa y la paciencia. Decía al inicio

---

[26] Cf. EG 226-230, esp. 226: «El conflicto no puede ser ignorado o disimulado.
Ha de ser asumido. Pero, si quedamos atrapados en él, perdemos perspectivas,
los horizontes se limitan y la realidad misma queda fragmentada».

de mi intervención que el ritmo global de la caravana de la Iglesia ha de ser el paso de los más lentos, a fin de que nadie se quede atrás.

Así lo creo, por más que en muchos aspectos esta lentitud de transatlántico maniobrando pueda desesperar a no pocos sectores eclesiales.

Si pensamos la Iglesia conforme a la imagen de la caravana, se podría comparar la función de los teólogos con la de los exploradores. A fin de asegurar el continuo avance de la multitud por caminos transitables para todos, alguien tiene que explorar en avanzadillas la viabilidad concreta de las diferentes posibilidades cuando se llega, por ejemplo, a una encrucijada. Cuando no está claro qué camino hay que seguir, cuando no se sabe por dónde hay continuar, cuando se presentan ante uno varias opciones entre las que nos vemos obligados a elegir, es de muchísima ayuda preguntar a quien ya ha ido antes más allá y recopilar toda la información que aportan quienes ya han transitado esos mismos senderos o senderos similares y, por ello, nos pueden orientar con su conocimiento y experiencia.

Algo similar a esto es lo que sucede, *mutatis mutandi*, en los grandes concilios de la Iglesia. Llegada una bifurcación de caminos, el conjunto de la Iglesia tiene que decidir por dónde seguir avanzando para seguir siendo fiel al fundamento inmutable del Evangelio de Jesús. Hay opciones que inicialmente resultan sumamente atractivas, pues parecen ser atajos rápidos y sencillos que prometen un camino llano y confortable. Una atención pausada y un estudio más detallado puede mostrar que, en realidad, esos atajos no solo nos desvían del rumbo mantenido hasta ahora, haciéndonos perder el verdadero camino, sino que, finalmente, de seguirlos, conducirían, incluso, a toda la caravana hacia el abismo. Hay otras opciones, por el contrario, que al principio también parecen una ruptura con el sendero ya recorrido, porque exigen un giro, una rectificación de ciertos pasos, o nos meten en un desfiladero, o nos hacen atravesar un páramo, pero al final, cuando se avanza por ellos, se puede ver que se trataba del camino correcto por el que, en efecto, se debía avanzar. Suele ser este, aunque no siempre, el camino del medio.

Los exploradores, es decir, los teólogos, deben aportar toda la información y toda la experiencia que tengan a su disposición, a fin de trazar los mejores mapas para poder tomar las mejores decisiones. Pero no son ellos los que tienen que decidir. Y está bien que así sea, pues no en pocas ocasiones tienen posturas teológicas diferentes y hasta contrapuestas ante una misma encrucijada eclesial. Y, en muchos casos, todos tienen buenas razones que pueden presentar en favor de su postura.

Para dirimir en estas ocasiones en las que la Iglesia se juega su verdadera identidad en su camino hacia la verdad es para lo que está, principalmente, el magisterio de la Iglesia. Y aquí los exploradores deben comprender que las decisiones del magisterio pastoral de los obispos y del papa deben tener en cuenta la totalidad de la caravana. Es decir, no se puede orientar el camino de toda la Iglesia imponiendo un ritmo acelerado de cambios inmediatos que sean imposibles de seguir por quienes, por las razones que sean, avanzan más despacio o con un ritmo diferente. El criterio del avance no puede ser la prisa, la precipitación, la aceleración desconsiderada. Y esto es así, porque el caminar de la Iglesia no puede consistir en correr detrás de ideas brillantes de teólogos de moda –aunque tengan razón– o de Conferencias episcopales más conscientes de la necesidad de cambios estructurales. Debe primar el paso conjunto de todos los miembros del cuerpo eclesial. Debe primar la comunión. Debe primar un acceso a la verdad transitable para todos y no solo para los que se sitúan en la cabeza de la caravana. Esta es la única manera de evitar el desgarro, la división, el cisma.

Tenemos un claro ejemplo de esta tensión del tiempo en lo que está sucediendo hoy en la Iglesia universal a propósito del camino sinodal alemán *(der Synodale Weg)*. En mi opinión –e insisto en que se trata de una opinión personal–, el camino sinodal alemán está avanzando en la buena dirección en aquello que respecta a la elección de los grandes temas de su reflexión, pero debe lidiar con sumo cuidado con la tentación de la prisa.

En efecto, después de la lamentable crisis de pederastia, en la Iglesia alemana se ha puesto en marcha un interesantísimo proceso sinodal de escucha, análisis, discernimiento y propuesta en torno a estos cuatro temas: el poder y la separación de poderes en la Iglesia, la sexualidad y las relaciones personales, el sacerdocio –con especial atención al tema del celibato– y la cuestión de las mujeres en los ministerios y cargos de responsabilidad eclesial.

Todavía es incierto el final de dicho proceso y no es sencillo adivinar cuál será la solución que permita integrar en el todo de la Iglesia universal decisiones particulares de una Iglesia nacional que afectan a cuestiones relevantes para todas las Iglesias desde el punto de vista estructural.

Personalmente, cuando reflexiono sobre esto, tiendo a recordar la intervención del añorado cardenal Martini, arzobispo de Milán, en el Sínodo de los obispos el 7 de octubre de 1999. En ella, precedido de un profético *I had a dream,* decía en el tercer punto de su discurso que sería bueno «repetir de vez en cuando, en el curso del siglo que se abre, una experiencia de confrontación universal entre los obispos que sirva para escoger alguno de los temas disciplinares y doctrinales que quizá han resultado poco evocados en estos días, pero que reaparecen periódicamente como puntos calientes en el camino de las Iglesias europeas, y no solo europeas». El cardenal continúa añadiendo:

> Pienso en la carencia, de algún modo dramática, de ministros ordenados y en la creciente dificultad para un obispo de proveer al cuidado de las almas en su territorio con suficiente número de ministros del Evangelio y de la eucaristía. Pienso en algunos temas referentes al papel de la mujer en la sociedad y en la Iglesia, la participación de los seglares en algunas cuestiones, como la responsabilidad ministerial, la sexualidad, la disciplina del matrimonio, la praxis penitencial, las relaciones con las Iglesias hermanas de la ortodoxia,

y, más en general, la necesidad de reavivar la esperanza ecuménica[27].

Parece evidente que, para Martini, la Iglesia se encontraba, al finalizar el siglo pasado, en un momento especialmente significativo, en el que tenía que dar una respuesta claramente evangélica a temas que, por su envergadura y alcance, tal vez superaban las posibilidades reales de decisión de un órgano unipersonal como es el primado del papa. Y no porque el papa no tenga autoridad jurídica para tomar ese tipo de decisiones, sino porque hay cuestiones que es mejor afrontar con todo el apoyo y todo el impulso de todo el cuerpo eclesial. Entre esas cuestiones –lo acabamos de oír– estaban, qué duda cabe, la participación de los laicos, la cuestión de la sexualidad y el papel de la mujer en la sociedad y en la Iglesia.

¿No estará cerca, me pregunto, inspirado por el cardenal Martini, el momento de una nueva asamblea universal que desatasque con un renovado impulso del Espíritu Santo estas cuestiones estructurales con los nuevos instrumentos de la exégesis y las nuevas investigaciones de la historia, las ciencias humanas y la teología?

Y si la convocatoria de una nueva asamblea de este tipo parece exagerada e improcedente –puesto que, como me recuerda un amigo y profesor al que estimo, ni siquiera han pasado cien años desde el Concilio Vaticano II–, ¿no

---

[27] S. MADRIGAL TERRAZAS, *Vaticano II: remembranza y actualización. Esquemas para una eclesiología*. Santander, Sal Terrae, 2002, pp. 315-316.

tendría sentido pensar que estos temas debieran ser abordados en el marco eclesial del sínodo de los obispos? De todos los obispos, después de la reciente reforma de Francisco, reunidos ahora, también, con religiosos y religiosas, laicos y laicas, con voz y voto, en representación de la unidad de la Iglesia y de toda su diversidad.

En este sentido, hay que reconocer que hay muchos sectores de la Iglesia bastante descontentos con varias de las decisiones que está tomando Francisco respecto a aspectos en los que se demanda un cambio estructural. Suele decirse en estos ambientes que el papa no es suficientemente reformador, que da un paso adelante, pero otro hacia atrás. Varias teólogas feministas se han manifestado en un sentido muy escéptico y hasta muy crítico respecto al alcance de la reforma de Francisco, porque, a su juicio, no está cumpliendo las expectativas que generó. O, de cumplirlas, lo estaría haciendo a un ritmo tan lento que se desesperan al no ver cercano el cumplimiento de sus demandas.

Entiendo estas críticas y comprendo la irritación que las genera, pero, sinceramente, debo reconocer que, a mi juicio, son críticas injustas y equivocadas. Su injusticia está en su parcialidad –pues, de hecho, aunque esa no sea su intención, objetivamente tienden a enmendar la totalidad del pontificado de Francisco únicamente por no ser, a su modo, suficientemente feminista–, y su equivocación, según creo, es debida al desconocimiento de esta segunda polaridad intraeclesial que estamos tratando en relación con *la tensión del tiempo*. Son críticas apresuradas. Son críticas que pecan de impaciencia. Son críticas que no tienen suficientemente en cuenta las necesarias dilaciones que se han dado siempre en la historia de la Iglesia y que deben darse en todo proceso de verdadera asimilación de una reforma[28]. No se reforma la Iglesia de un día para otro. No se maniobra con un trasatlántico con la facilidad y rapidez como se maniobra con una moto de agua. Y creo que no se acierta con el papa cuando se dice que, en el fondo, no está haciendo nada solo porque la caravana de la Iglesia avanza al ritmo de los que caminan más despacio[29].

---

[28] Convendría recordar a este respecto las máximas neotestamentarias en las que se alude al tiempo de la Iglesia como un «entre tiempo» o como un «mientras tanto» –*entrementres* se dice en gallego– en el que crecen conjuntamente el trigo y la cizaña, los buenos y los malos, y hay en su red peces de todo tipo, pues aún no ha llegado el tiempo de la siega, el cribado o el juicio. Cf. Mt 13,24ss.

[29] Un ejemplo de falsa reforma en la Iglesia lo tenemos, a mi juicio, en las ordenaciones ya consumadas de mujeres sacerdotes. Siendo justa, en principio, y digna de un estudio serio, pausado y riguroso su reivindicación de igualdad –pues son bautizadas en Cristo (Gál 3,28) y creadas a imagen y semejanza de Dios en paridad con los varones (Gn 1,27)–, se equivocan, no obstante, al romper, en efecto, la comunión con la Iglesia a través de una precipitada política de hechos consumados. Creo que lleva razón Congar cuando afirma: «No hay movimiento de reacción, reforma o iniciativa que en su punto de partida no tenga algo –y aun mucho– de verdad. El innovador o el renovador impaciente comprometen, desgraciadamente, lo verdadero mediante lo falso: queriendo forzar el desarrollo consiguen retrasar el movimiento. El profeta respetuoso de las demoras, y que sabe practicar, con virtud y fuerza, no solo el *aggredi* (ataque), sino el *sustinere* (aguante), prepara más eficazmente el éxito de su mensaje» (Y. CONGAR, *Verdadera y falsa reforma en la Iglesia*, o. c., pp. 264-265). Hay muchas causas justas a las que lo peor que les puede suceder es que las defiendan personas de reflexión superficial, voluntad obstinada y autoestima exagerada, sobre todo cuando tienden a reproducir, en el ejercicio de su ministerio, el mismo tipo

La tensión del espacio: centro y periferia

La tercera tensión es la del espacio, y su polaridad se mueve entre el centro y la periferia. Nada hay más relativo que las coordenadas geográficas, pues con cambiar el sistema de referencia podemos hacer centro de la periferia o periferia del centro. En relación con esto, no sé si habremos reflexionado lo suficiente sobre la radical inversión que supone el cristianismo cuando se trata de determinar dónde está o dónde debe estar el centro. No hablo solo en términos geográficos, sino también en su significación vital y existencial. Pensemos que el nacimiento de Jesús sí ha marcado el centro del tiempo para la historia del mundo, pero ¿qué decir sobre *la tensión del espacio* y sus polaridades?

Si uno visita Roma, podrá ver que, en los foros imperiales, muy cerca del arco de Septimio Severo y del santuario de Vulcano –dios romano del fuego– se encuentra un pequeño monumento con altar, originalmente revestido de mármol, que data aproximadamente del siglo II a. C. La tradición atribuye su construcción a Rómulo, el fundador de la ciudad, y aún hoy conserva una placa que dice: *Umbilicus urbis Romae*, es decir, ombligo, cerebro, centro de

---

de clericalismo y autoritarismo que critican en los varones ordenados. Obviamente, y por fortuna, no se puede decir esto de todos los casos, pero donde sí sucede hay que decir que no percibe ahí ni verdadera profecía ni auténtica reforma.

la ciudad de Roma. Parece ser que, al igual que en el kilómetro cero de la puerta del Sol, en Madrid, desde allí se medían las distancias, no solo para los caminos militares de la ciudad, sino también para los de todo el Imperio. Esta dimensión de radiación horizontal desde un centro sagrado hacia la periferia no agota su función ni su simbolismo. En el ombligo de la ciudad de Roma había también una dimensión vertical muy potente, porque, en él, el centro del mundo visible se encontraba con la puerta del inframundo, representada por un pozo. No solo estaríamos, pues, ante un centro urbano, sino también ante un auténtico *omfalós* cósmico. Según la lógica imperial, el centro de la esfera del universo.

El cristianismo, en su origen y desarrollo, implica, sin embargo, la descentralización de los núcleos de poder, la exaltación de las periferias y, por ello, la apoteosis de los contrastes. Jesús nace en los márgenes del Imperio romano, muy lejos de Roma. Y allí, en esos márgenes, crece y se desarrolla en un pequeño pueblo judío alejado de Jerusalén, en el seno de una familia joven, pobre y trabajadora. De adulto se establece en Cafarnaún y hace de la orilla norte del lago de Genesaret su centro de operaciones. Se rodea de gente de baja cualificación alejada del corazón de la sociedad: pescadores, publicanos, mujeres de mala reputación e individuos itinerantes sin arraigo. Su centro vital y existencial es la predicación del reino de Dios. Y todo lo que sucede en su vida acontece, prácticamente, entre los poco más de cien kilómetros que hay entre Nazaret y Jerusalén. Es decir, entre la periferia y el centro.

Pero un centro, Jerusalén, que, respecto a Roma o a Cesarea Marítima, también es periferia.

Todos los seres humanos necesitamos de un centro del mundo, de un punto vital de referencia, de un lugar al que regresar, de un espacio geográfico y existencial al que anudar nuestras vidas –sobre todo en la infancia– para convertirlo, de hecho, en el centro del universo. De nuestro universo. Por eso es posible que haya tantos centros del mundo como habitantes lo pueblan. Se podría decir, con los antiguos, que el mundo es como una esfera infinita, cuyo centro está en todas partes, y su circunferencia, en ninguna[30].

También la Iglesia se preguntó en su día dónde estaba su centro. Y la primera respuesta de la Iglesia de Jerusalén fue afirmar la centralidad del judaísmo como punto de acceso necesario a la Buena Nueva de Jesús. Para recibir el Espíritu Santo, primero había que observar las leyes de la Torá, decían los judaizantes. Pero decir Iglesia es decir misión, expansión, universalidad. Por ello, decir Iglesia es también decir proceso, cambio, reforma. ¿Y qué es en el fondo la reforma de la Iglesia sino otra manera de decir conversión?

No es extraño, pues, que fuese un judío piadoso converso al cristianismo –Pablo de Tarso– el que desubicó geo-

---

[30] Partiendo de B. Pascal, pero yendo mucho más allá de él, he estudiado esta cuestión en P. CASTELAO, *Morfología del infinito. Un nuevo fundamento filosófico para la antropología teológica*. Madrid, Universidad Pontificia Comillas, 2023, en prensa.

gráfica y religiosamente el centro del cristianismo fundando Iglesias en la gentilidad y desplazando todo su equilibrio. La Iglesia de Roma adquirió rápidamente una importancia decisiva, y su obispo, como sucesor de Pedro, destacó desde el principio en el ejercicio de la caridad. Luego vendrían disputas territoriales con otros centros geográficos –Constantinopla, Moscú– que aún hoy en día no se han logrado resolver del todo. Pero lo importante es mostrar que siempre se ha mantenido la necesidad de conservar un centro de referencia.

Lo mismo sucede en el plano vital, en el ámbito existencial de la vida. ¿Dónde tiene el cristianismo su centro y dónde su periferia? Siguiendo el ejemplo de Jesús, el centro del cristianismo debe estar en los pobres, en los marginados, en los oprimidos, en los emigrantes, en los huérfanos, en las viudas, en las mujeres maltratadas por la violencia de género, en los divorciados distanciados de la comunidad, en los homosexuales discriminados por la naturaleza de su amor, en los toxicómanos, en las personas sin hogar, en los parados, en los enfermos mentales, en los discapacitados, en los moribundos que nadie quiere. Y su periferia debiera ser lo que el mundo considera centro.

El papa Francisco insiste reiteradamente en esto. Y por eso llama a la Iglesia a salir de sí, a evitar la autorreferencialidad, es decir, a superar la tentación de convertirse a sí misma en centro y abandonar la centralidad de la periferia. Por eso habla de la Iglesia como un hospital de campaña, como una pirámide invertida, como un poliedro y no como una esfera.

El hospital de campaña no es centro, sino atención médica en la periferia. La pirámide invertida da la vuelta a las relaciones estructurales de poder y convierte la base en vértice y en vértice la base, pues el ejercicio del poder ha de realizarse como servicio evangélico de abajo arriba y no como autoritarismo clerical de arriba abajo. En la esfera, todos los puntos periféricos pierden su particular singularidad en una igualdad uniformadora que los sitúa a la misma distancia del centro. Francisco prefiere hablar del poliedro, pues en él cada parte conserva su propia figura y se integra en el todo sin renunciar a su verdadera forma.

Estoy convencido, también, de que su apuesta por la sinodalidad ha de entenderse, igualmente, en el marco de esta tensión por el espacio y de su polaridad entre centro y periferia. El camino de la caravana de la Iglesia ha de hacerse de forma colegial, conjunta, armónica, y todos los cristianos deben sentirse protagonistas de los propios pasos que toda la Iglesia va dando simultáneamente. No se trata de que unos ordenen activamente y otros obedezcan pasivamente. No se trata de la cadena mando de un ejército, sino de una comunidad de hermanos en la que la diversidad de ministerios no se puede regir con la lógica mundana del honor principesco, el prestigio civil o la pompa cortesana. Eso es centralidad mundana, secularización y envenenamiento de la Iglesia. Se trata de caminar juntos. Unas veces delante, otras en medio y otras al final, pero siempre sirviendo, animando y avanzando.

He ahí *la tensión del espacio*, la inversión radical que el cristianismo hace entre centro y periferia.

La tensión del bien: santidad y pecado

La cuarta y última tensión que me propongo señalar es *la tensión del bien,* y su polaridad oscila entre el pecado y la santidad.

Una de las cuestiones que más ha polarizado y está polarizando la Iglesia en las últimas décadas ha sido y es la cuestión de la pederastia. Se han escuchado voces de alto rango jerárquico que han explicado la cuestión de los abusos sexuales únicamente como casos aislados de sacerdotes pecadores que han hecho lo que no debían. Para ellos, se trataría solo de problemas particulares vinculados a un mal ejercicio del ministerio. Estaríamos, pues, ante pecados personales de índole moral que solo exigen confesión, penitencia y propósito de enmienda.

La elevadísima cifra de abusos cometidos, así como su presencia a lo largo y ancho de todo el planeta, son pruebas evidentes de que no se trata de cuestiones aisladas explicables únicamente como fallos de naturaleza moral. Estamos ante algo muchísimo más grave y de muchísimo mayor alcance[31].

A este respecto, tengo la impresión de que se ha estudiado poco el origen y la consistencia interna de ese fu-

---

[31] Cf. *Los abusos de poder, conciencia y autoridad en la Iglesia.* Madrid, PPC - Universidad Pontificia Comillas, 2023; P. Merelo Romojaro, *Adultos vulnerados en la Iglesia.* Madrid, San Pablo, 2022; J. L., Segovia / Anónimo / J. L. Barbero, *Víctimas de la Iglesia. Relato de un camino de sanación.* Madrid, PPC, 2016.

nesto principio general que durante décadas ha regido implícitamente la gestión de los abusos sexuales en la Iglesia. Se trata de un principio tácito, vaporoso, atmosférico, raramente explicitado, pero tremendamente activo y efectivo. Yo lo llamo el *principio de opacidad:* que no se sepan; los trapos sucios se lavan en casa; que no salgan a la luz, pues la honorabilidad y la dignidad de la reputación pública de la institución es superior a la vulneración privada sufrida por las víctimas. El buen nombre de la Iglesia debe estar por encima de las personas que la forman y, además, no ayudemos a los enemigos de la Iglesia proporcionándoles armas con las que amenazarla, criticarla y derrumbarla. Esto es lo que dice, en esencia, el *principio de opacidad.*

Me ha parecido advertir en el libro de Congar ya citado algunos elementos de la historia de la Iglesia que nos pueden ayudar a comprender mejor el nacimiento y la cristalización de este principio de opacidad. En su obra *Verdadera y falsa reforma en la Iglesia* –cuya primera edición, no lo olvidemos, es de 1950–, Yves Congar señala la presencia masiva de una sorprendente libertad de crítica del mal y del pecado en la Iglesia medieval, bien visible tanto en cartas enviadas a los papas por parte de personajes relevantes del momento como en ostentosos grupos escultóricos de iglesias y catedrales, así como también en conocidas obras literarias.

Dice el dominico francés:

El modo como un san Bernardo habla al papa podría explicarse por circunstancias particulares si no tuviéramos también textos análogos de san Columbano, de santa Catalina de Siena, de santa Brígida, etc. Los tratados de reforma que publicaban obispos, monjes y teólogos enunciaban sin circunloquios tales críticas […] Sobre el tímpano de nuestras catedrales, como en algún cuadro de Fra Angélico, se podía contemplar a monjes, a obispos y a papas arrastrados hacia el infierno por demonios gesticulantes. Dante metió en su infierno a Nicolás III, a Bonifacio VIII, a Clemente V, contemporáneos suyos […] La crítica es brutal[32].

Es importante señalar que esa crítica nada comedida de vicios, abusos, excesos y pecados de todo tipo, lejos de ser un fruto espurio de la desafección o del abandono de la fe, era, por el contrario, una muestra de sincera preocupación por la santidad de la Iglesia y también de la conciencia efectiva de no estar a la altura de las exigencias del Evangelio.

La cosa cambió sustancialmente con la Reforma protestante del siglo xvi y, sobre todo, con todos los sucesos posteriores que se desencadenaron. Críticas sinceras y de carácter constructivo, realizadas en el contexto interno de la Iglesia católica, se convirtieron en peligrosas armas arrojadizas, cuya intención ya no era la reforma cabal de la Iglesia, sino otros intereses políticos y económicos de carácter externo y muy dudoso espíritu eclesial. Es muy probable que las lógicas resistencias que toda institución tiene a recibir críticas que señalen puntos débiles se hayan

---

[32] Y. Congar, *Verdadera y falsa reforma en la Iglesia*, o. c., pp. 41-42.

exacerbado en ese momento hasta límites de un endurecimiento visceral. Cuenta el dominico citado que

> ya Tomás de Aquino explicaba algunas disposiciones, por lo demás apócrifas, del derecho que exigían, para acusar a un ministro de la Iglesia romana, garantías de testimonios más contratados, y lo hacía con esta consideración: «La condena de uno de estos ministros sería perjudicial, en opinión de los hombres, para la dignidad y la autoridad de la Iglesia romana: inconveniente más grave que tolerar en ella a algún pecador, a menos que su falta sea tan pública y manifiesta que de ella resulte grave escándalo». [¿No se percibe aquí una primera emergencia del *principio de opacidad?*] Sin duda alguna, estas consideraciones inspiran todavía la actitud de los pastores responsables de la Iglesia. Estiman que, al señalar demasiado las fragilidades, se corre el riesgo de destruir más que de edificar. No es el momento, piensan, de unir nuestra voz a las que atacan tan ásperamente a la Iglesia. Por eso la jerarquía ha sido tan poco pródiga en declaraciones que condenen o desautoricen ciertas faltas, para que no sean aprovechadas para desacreditar aún más la autoridad eclesiástica[33].

Es de justicia reconocer que, afortunadamente, en la cuestión de los abusos, la situación ha cambiado radicalmente gracias a Benedicto XVI y a Francisco. Sus contundentes denuncias públicas, sus reiteradas peticiones de perdón y, sobre todo, el inicio de un proceso de purifica-

---

[33] *Ibid.*, pp. 44-45.

ción y reforma hacen pensar que, tal vez, ese funesto *principio de opacidad* que antepone la reputación pública de la Iglesia a la verdad y a la justicia con las víctimas ha empezado a resquebrajarse. Mi pregunta es: ¿se ha desactivado completamente o todavía vive en un estado latente? ¿Ha sido vencido definitivamente o solo acallado de forma provisional?

Desde luego, hay que evitar caer en una nueva forma de donatismo. Como si la santidad de la Iglesia dependiese únicamente de la santidad personal de sus miembros. Debemos recordar que, siendo sus miembros pecadores, la Iglesia es, no obstante, santa. Y no por un mérito propio atribuible a una abstracción formal comparable a una carcasa vacía. La santidad de la Iglesia es histórica y vivencialmente inseparable del pecado de sus miembros, pero es efectivamente santidad verdadera por la veracidad de aquello que la Iglesia porta consigo, a saber: el amor y el perdón incondicional de Dios mismo. Y esto, como es obvio, no es una propiedad que la Iglesia atesore como atesoraba Golum el anillo de poder. La Iglesia es santa porque recibe la santidad de Dios y está llamada a reproducirla, de igual manera que a luna recibe la luz del sol y en su naturaleza está también el reflejarla.

Ahora bien, la Iglesia no puede jamás gloriarse de su santidad. No es algo que le pertenece, no es algo que posee, no es algo que no pueda perder. Dice san Agustín que la Iglesia comienza a ser bella, precisamente, cuando confiesa su pecado, pues su supuesta belleza es fealdad ante Dios, pero la confesión de su verdadera fealdad –es decir, de su pecado– es el comienzo de la belleza que recibe de quien es la Belleza en sí misma[34].

Pero no hay que olvidar que la Iglesia no es una mera agregación de creyentes aislados. Es un cuerpo, es una realidad viva y orgánica, es mucho más que la mera suma de sus miembros. Por ello, cuando se trata de percibir en ella *la tensión del bien* en la polarización entre santidad y pecado, también hay que atender al desarrollo de sus estructuras, puesto que la Iglesia es también la cristalización colectiva de unas determinadas dinámicas sociales. Y es, precisamente, en esas dinámicas colectivas en las que también arraigan males muy poderosos que conviene denunciar y combatir. Males estructurales, estructuras de pecado que generan dolor, sufrimiento, heridas muy profundas y, en casos extremos, incluso destrucción y muerte. Entre esos males destaca el *principio de opacidad* al que antes me referí.

¿Quién no recuerda que la reforma de Francisco fue propiciada por la renuncia de Benedicto XVI y que dicha renuncia se precipitó debido a tres realidades que podemos evocar brevemente refiriéndonos al llamado *Vatileaks* –intrigas cortesanas y filtración de documentos personales del papa–, a la corrupción y a los escándalos financieros de IOR y, finalmente, a los numerosísimos casos de pederastia presentes, a lo largo de décadas, en muchos países del mundo? Fue el mismo Benedicto XVI

---

[34] Cf. *ibid.*, pp. 82-83.

quien, de una u otra forma, habló públicamente de estos asuntos y quien públicamente confesó su impotencia personal para afrontarlos como era debido.

¿Cómo no comprender, pues, el pontificado de Francisco como una lucha sin cuartel contra el mal en la Iglesia? ¿Cómo no percibir en sus gestos, en sus documentos, en sus discursos y hasta en sus improvisaciones *la tensión del bien,* es decir, la presencia de la polaridad entre la santidad y el pecado?

Conclusión

Una de las cosas que, a mi juicio, peor se han comprendido del magisterio del papa Francisco es lo que dice, en sentido crítico, de la «teología de escritorio». Como si el papa propugnase una reflexión teológica que renuncie al pensamiento, al rigor del concepto, a la altura especulativa, en favor de un pensamiento de consignas emotivas, de recetas prácticas y lemas superficiales.

Nada más alejado de la realidad.

En *Evangelii gaudium* 133 se ve con claridad que la «teología de escritorio» es aquella que no lleva «en el corazón la finalidad evangelizadora de la Iglesia» y, por esta razón, es incapaz de establecer un diálogo fructífero y profundo con las ciencias y las culturas hodiernas.

Según Francisco, «la teología –no solo la teología pastoral– en diálogo con otras ciencias y experiencias humanas tiene gran importancia para pensar cómo hacer llegar la propuesta del Evangelio a la diversidad de contextos culturales y de destinatarios» (EG 133).

De manera que una reflexión teológica solo es verdaderamente teología cristiana cuando investiga a fondo no solo los contenidos de la fe, sino también el mejor modo de comunicarlos a los hombres y mujeres coetáneos. En consecuencia, cuando una concepción teológica se encierra de manera autorreferencial en sí misma y se desvincula de las consecuencias prácticas que su marco de pensamiento genera en la vida de la Iglesia y en su anuncio del Evangelio. se convierte en una «teología de escritorio».

Y nada hay más letal para la reflexión teológica que esa solipsista curvatura sobre sí misma, pues, cuando acontece, se quiebra el dinamismo orgánico que vincula sinfónicamente la vida de oración, el pensamiento, la liturgia, la evangelización y el ejercicio de la caridad cristiana. Una teología aislada del todo que conforma la vida de la Iglesia –cuerpo de Cristo– es una «teología de escritorio» privada de la fuerza misionera del Espíritu.

Pues bien, la primera condición que señala Congar para que se dé una reforma sin cisma en la Iglesia es *la primacía de la caridad y del sentido pastoral,* es decir, del sentir con la Iglesia en el carácter sinfónico de todas las dimensiones de su vida. No se trata de hacer otra Iglesia, sino de que la Iglesia sea otra[35]. Y esto solo se puede hacer en contacto directo con la vida pastoral de las comunidades y no

---

[35] Cf. *ibid.,* p. 213.

desde un laboratorio de ideas alejado de la realidad. ¿Cómo no recordar, a este respecto, la apuesta de todo el pontificado de Francisco por lo real frente a lo meramente formal, sobre todo en ese principio tan suyo que afirma que «la realidad es superior a la idea»[36]? ¿Cómo no percibir que el énfasis del papa en el amor y en la misericordia coinciden con la primera de las condiciones de una verdadera reforma de la Iglesia?

La segunda condición que señala el dominico francés es *la necesidad de permanecer en la comunión con el todo.* Una reforma solo es verdadera reforma si mantiene el equilibrio interno de las polaridades y no rompe la unión con la totalidad a la que pertenece, acentuando unilateralmente un solo principio. ¿A quién no le viene a la cabeza esos dos principios del papa en los que sostiene: 1) la unidad prevalece sobre el conflicto[37]; 2) el todo es superior a la parte[38].

La tercera condición de Congar subraya, en la verdadera reforma de la Iglesia, *la importancia de la paciencia y el respeto a las dilaciones.* ¿No dice Francisco que el tiempo es superior al espacio y que es de mucho mayor provecho iniciar procesos, desencadenar acontecimientos, que ocupar espacios y hacerse dueño de ámbitos de poder e influencia?

La cuarta y última condición consiste en *renovar la Iglesia mediante el retorno al principio de la tradición.* No se

---

[36] EG 231.
[37] EG 226-230.
[38] EG 234-237.

trata de introducir cambios de forma improvisada, aleatoria o caprichosa motivado únicamente por un deseo de adaptación mecánica, irreflexiva y superficial a los nuevos aires de un determinado tiempo. Se trata de propiciar un desarrollo orgánico del depósito de la fe, un crecimiento armónico de todo el cuerpo de Cristo en una verdadera relación de intimidad con el tiempo presente, pero en continuidad creativa con las raíces inmutables del pasado. Vale recordar, a este respecto, las palabras del papa contra el «indietrismo», a saber, esa tendencia que comprende la fidelidad a la tradición como un retroceso en el tiempo, cuando de lo que se trata es de crecer como los árboles, con el fundamento bien asentado en las raíces, pero siempre hacia arriba en busca de la luz del sol.

Termino. ¿Qué creen ustedes, qué la reforma de Francisco se ajusta a las condiciones que Yves Congar estableció para poder hablar de una verdadera reforma en la Iglesia o que estamos ante un papa que traiciona la fe de la Iglesia y que la polariza de una manera absolutamente negativa hasta el punto de llevarnos al borde de un cisma?

No sé qué opinarán. Yo solo puedo decirles que, personalmente, lo tengo bastante claro. Y es que ante el peligro de polarización en la Iglesia creo que debemos reafirmar y asentar bien, como mínimo, las polaridades que acabo de exponer, de forma que, profundizando en ellas, podamos redescubrir su vitalidad interna y encontrar nuevos equilibrios. En esto está, a mi modo de ver, la reforma del papa Francisco.

Muchas gracias por su atención.

4

CAMINOS PARA EL ENCUENTRO: COMUNIÓN, DIÁLOGO Y RECONCILIACIÓN

Dolores López Guzmán
doctora en teología dogmática
y especialista en acompañamiento espiritual

Introducción

Pedro Castelao, en su ponencia, nos ha hablado de la tensión entro dos polos, de la polaridad y sobre la posibilidad de vivir interrelacionados entre polaridades. El acervo popular también nos dice: «Los polos opuestos se atraen». Como declaración de intenciones, estas declaraciones son válidas, pero, en la práctica, no es tan fácil que suceda.

Esta creencia popular –«los polos opuestos se atraen»– asegura que dos personas, quienes no solo no tienen nada que ver, sino que, además, tienen rasgos contrapuestos, incompatibilidad de caracteres o de pensamiento, comparten en el fondo una atracción mutua irresistible. Esta intuición funciona muy bien en taquilla, en las películas, de ahí que me haya resultado graciosa la mención que ha hecho Pedro a la película de Kirk Douglas. Yo, como soy mujer, me voy hacia las comedias románticas. Me encantan esas donde la pareja está toda la película discutiendo para terminar finalmente juntos, que es lo que todos deseamos, que haya un final feliz. Pero en la vida real esto no sucede tan fácilmente, el final feliz no es tan frecuente.

No es divertido convivir en la continua confrontación; cuando cada uno tiene una cosmovisión tan diferente de la realidad que resulta muy complicado encontrarse. Sucede cuando continuamente estamos hablando con otro y este continuamente lo interpreta de tal manera que dices: «Pero si no estoy diciendo eso». En estos casos podemos decir que compartimos los términos presentes en el *Diccionario* de la Real Academia Española, pero no compartimos el sentido, la historia desde donde cada uno recibimos los términos. La historia personal de cada uno hace que hablemos, pero que no nos entendamos. De ahí que lo de la «cultura del encuentro» sea muy bonito, aunque se presenta como una tarea, probablemente, para toda la vida –y un poco más allá–.

Es muy importante asumir *a priori* esta dificultad. Para poder caminar hacia una cultura del encuentro, para poder construir puentes de reconciliación, lo primero que hay que hacer es pararse, situarse y asumir la realidad: «Esta es la realidad», por problemática que sea.

En primer lugar, tenemos que ser conscientes de que, aunque estamos diseñados –o condenados– para vivir juntos, para convivir personas de distintas culturas, mentalidades, etc., no siempre es posible llevarse bien. Lo afirmo. ¡No siempre es posible llevarse bien! Como evidencia tenemos las guerras, por poner un ejemplo.

Por eso, cuando soñamos, deseamos y comenzamos caminos de reconciliación, es muy importante tener conciencia fuerte de que no siempre es posible el encuentro, al menos pleno y tal como lo soñamos la mayoría de las veces. No hacerlo ha conducido a grandes frustraciones, por ejemplo, en las comisiones de la verdad y la reconciliación. Empezaron con mucha fuerza y luego, durante el camino, se ha experimentado cierta desilusión, porque las cosas son mucho más complejas de lo que uno pensaba.

En segundo lugar, caer en la polarización es siempre una tentación. Por tres razones: primero, porque la polarización nos hace reafirmarnos, es una tendencia que nos ayuda a ir reafirmándonos en nuestras propias ideas, a no ceder ante el otro. En segundo lugar, porque esto del «mal espíritu» –en lenguaje ignaciano– se nos cuela, nos empuja y provoca. Hay un movimiento del «mal espíritu» que es tratar de situarme en un extremo para provocar que el otro se sitúe en el opuesto. Esto sucede –y a propósito– en la política: de un bando se provoca con afirmaciones muy extremas que ocasiona que el otro bando se sitúe en el extremo contrario para desacreditar al primero. Y he aquí la sutileza de la maldad, que es muy mezquina: no importa tanto tu propio extremismo que te hace quedar mal cuanto que el otro quede peor. Porque somos así, un poco perversos a veces.

En tercer lugar, hay que reconocer que en los extremos hay una mayor definición y claridad. Cuesta mucho vivir la vida en una cierta oscuridad; en ver, pero no ver; en discernir y creer que estoy acertando en una lección, pero sin tener la certeza. Estas marcas del «no saber» cuesta mucho integrarlas. Y he aquí el famoso libro *La nube del no saber*[1], que nos ha marcado a tantos. Esta experiencia de incertidumbre la vivió el pueblo de Israel al salir de Egipto, que al caminar por el desierto iba alumbrado por una nube y una columna de fuego (cf. Ex 13,17-22). Esta es nuestra condición.

Una vez que somos conscientes de que no siempre va a ser posible el encuentro, pasemos a tres preámbulos.

Primer preámbulo: cómo conducirme en la vida

El primer preámbulo consiste en que siempre nos tenemos que detener a pensar qué actitud queremos escoger ante la vida. No es algo que haya que dar por supuesto. En los ejercicios espirituales –perdonadme la deformación, pero es un poco mi campo, dedicarme a los ejercicios–, antes de iniciar con la primera semana, san Ignacio nos indica que el ejercitante debe examinar «el buen ánimo» y «la liberalidad», porque aquí es donde se juega que la persona entre en la dinámica de los ejercicios de forma radical. Esta consideración la traigo a este terreno revisando mi ánimo, mi liberalidad, mi actitud ante la vida, qué

---

[1] *La nube del no saber*. Madrid, San Pablo, 2013.

actitud escojo. Ahí me juego –o nos jugamos– la posibilidad o no de caminar hacia la reconciliación. Esto lo tengo que reflexionar continuamente o examinarme de ello.

Todos somos conscientes de la problemática del ego. Yo prefiero hablar de la expresión de Nicolae Steinhardt, intelectual rumano que fue hecho prisionero en la época de la dictadura y que en la cárcel tuvo un proceso de conversión. Él habla de que hay dos actitudes, dos elecciones que podemos hacer como actitud vital. La primera actitud remite a vivir desde el imperialismo egocéntrico, el punto de vista del individuo, que lo relaciona todo consigo mismo, todo remite a él, y por eso las cosas le sientan mal y juzga todo según sus propios intereses. Suele ser una persona –mejor, es el perfil que solemos ser cuando nos situamos aquí– susceptible, que se vuelve un tanto paranoica al llegar a pensar que todo lo dicen por ella. En términos clásicos, es la famosa *filautía,* es decir, el amor propio o, como dice san Ignacio, el propio querer e interés. La otra actitud vital sería la de la persona que está dispuesta a mirar al que tiene delante, a su interlocutor, a su trabajo, a sus circunstancias, y esta es la actitud que nos permite entender que hay otras realidades, puntos de vista diversos y que existe una objetividad de la situación que va más allá de mí. Esta segunda actitud no es nada fácil de asumir, porque implica siempre mucha renuncia al propio querer o interés.

Pensar en cuál de estas dos actitudes queremos situarnos es fundamental para iniciar un camino de reconciliación. ¿Cómo voy a facilitar o plantear un diálogo si lo remito todo a mí? De hacerlo, el diálogo está cercenado de raíz, está condenado al fracaso.

Segundo preámbulo: asumir el condicionante temporal

La segunda consideración de la que tenemos que tomar conciencia es que vivimos en el tiempo y con el tiempo, y que, además, tenemos que aceptar los tiempos. Las dos cosas son importantes.

Por un lado, «tomar conciencia de que vivimos en el tiempo», en la temporalidad. Hay un refrán o un dicho, una famosa sentencia: «No hay mal que cien años dure». Ciertamente, las cosas pasan, pero no duran para siempre. Vivimos en la temporalidad y, por tanto, lo que vivimos hoy no es lo definitivo. En este marco temporal es conveniente dirigir la atención a cuestiones que son definitivas y quizá nos ayuden a distinguir lo fugaz de lo permanente, lo pasajero de aquello que en esta vida sí tiene visos de eternidad. De esta forma, viviremos nuestras relaciones desde un marco vital más global.

Por otro lado, también tenemos que «aceptar los tiempos», los propios, los de los otros, los tiempos generacionales, y esperar el tiempo oportuno, el *kairós*. Es fundamental que poco a poco cada persona, cada grupo o comunidad, se vaya reseteando, descentralizando, descentrando –en el sentido positivo–, vaciándose de sí y llenándose de Dios para que nos vayamos llenando de otras cosas que no sean nuestro propio querer e interés.

Tercer preámbulo: no es posible la reconciliación plena

Afirmo y creo profundamente que en esta vida no es posible la reconciliación plena. Podemos dar pasos de reconciliación, pero no es posible la reconciliación plena. La reconciliación tiene una dimensión escatológica. Caminamos hacia la reconciliación plena. Nuestra misión sería en qué medida contribuimos a que se vaya construyendo, o que se vaya avanzando, en esa reconciliación plena. Así contribuimos con un mundo cada vez más impregnado de la reconciliación de Dios plena. Hay un doble movimiento: nosotros hacia Dios y Dios, que es quien nos reconcilia, que viene hacia nosotros.

Decir que la reconciliación plena no es posible no es para mí una mala noticia, teniendo en cuenta que, si somos realistas al mirar el mundo, veremos que hay mucho bien, pero también existe el pecado. Por tanto, partiendo de una mirada realista, lo que tenemos es una oportunidad que nos da Dios para que formemos parte de esta realidad en la historia del bien común, y me parece precioso, por parte de Dios, que nos permita participar en esa historia.

Añado dos razones muy sencillas que hacen imposible la reconciliación plena. Por una parte, los conflictos forman parte de nuestra existencia –y no tienen necesariamente que derivar en polarización–. Incluso se dan dentro de uno mismo. Estamos divididos por dentro, como ya dijo san Pablo: «Mi proceder no lo comprendo, pues no hago lo que quiero, sino que hago lo que no quiero» (cf.

Rom 7,19-25). Los Padres del desierto, que se alejaron de un mundo para crear otro mundo distinto, más parecido quizá al Evangelio, se encontraron con el problema del combate espiritual, porque dentro de nosotros mismos hay división y hay confrontación interna.

La segunda razón es que Dios ama la realidad dividida. Afirmo con absoluta rotundidad que este mundo tan mezclado, tan difícil, que nos hiere tanto, que nos imposibilita el encuentro, este mundo dividido es el que es amado y querido por Dios hasta el extremo. Así que, ante la tentación de la huida o del desánimo, recordemos una y otra vez que este mundo conflictivo, dividido, mezclado, que nos hace tanto pelearnos con unos y con otros, este es el mundo querido y amado por Dios hasta el extremo.

Después de esta introducción y estos tres preámbulos, estamos en condiciones de reflexionar sobre estas tres palabras tan bonitas que nos hablan de la posibilidad de avanzar en el encuentro, en la paz, la concordia y el bien común.

Diálogo

El primer paso hacia la reconciliación es el diálogo. Nos viene a la mente el dicho popular: «Hablando se entiende la gente». También se dice que, en una separación, cada uno tiene su parte de culpa y de responsabilidad. Ninguna de estas afirmaciones es del todo cierta. No siempre nos vamos a entender con la palabra; es más, a veces incluso es mejor no hablar. Decía Benedicto XVI en una de sus alocuciones a los medios de comunicación que el silencio forma parte de la comunicación[2]. A veces, las palabras están tan contaminadas, tan llenas de connotaciones, para unos y para otros, que se requieren tiempos de silencio para posibilitar posteriormente la comunicación.

Voy a poner un ejemplo, quizá políticamente incorrecto, más viniendo de una mujer. Recuerdo cuando Juan Pablo II llegó a decir sobre el tema del sacerdocio femenino que se hiciera un tiempo de silencio, que no se hablara tanto públicamente. Y recuerdo que en los pasillos se generó una revolución: «No nos van a callar». Juan Pablo II apuntaba en esta dirección cuando estamos ideologizados y polarizados. El silencio es sanador para recuperar la profundidad de los significados de las palabras, para mirarnos unos a otros de otra manera, para escucharnos de forma distinta, para suavizar las heridas.

Y es que hablando no siempre se entiende la gente. Hay otra trampa de la comunicación: pensar que la palabra comunicativa es aquella que es pronunciada. Sin embargo, nuestra mente está llena de palabras que no ven la luz. Solamente cuando hay personas que se miran y se entienden, la palabra puede ser pronunciada, escrita, pintada.

Volvemos al ejemplo de las culpabilidades en una situación de conflicto, como puede ser un divorcio. Hay situa-

---

[2] «El silencio es parte integrante de la comunicación, y sin él no existen palabras con densidad de contenido» (Mensaje para la XLVI Jornada Mundial de las Comunicaciones Sociales).

ciones vitales en que la culpa no se puede repartir. Son aquellas donde hay alguien que agrede y hay una víctima. Donde el diálogo que se ha roto ha estado descompensado, porque hay una parte que agrede –físicamente, verbalmente, con la mirada, con la presencia– y otra parte no.

Para ir más más allá de la opacidad del discurso y hacer posible que el diálogo sea pensado, pronunciado, pintado, escrito, en la magia y el milagro de la comunicación, todas las partes tienen que desearlo. Esto no siempre es posible cuando el otro levanta un muro y no quiere dialogar contigo. Entonces se vuelve complicado encontrar maneras de reconciliarse, de vivir reconciliada o pacíficamente. Este muro tampoco es una novedad, porque a nuestro Señor le sucede continuamente, así que de él tenemos mucho que aprender.

Me ha hecho ilusión que don Ginés, obispo de Getafe, abriera estas jornadas con una cita de *Ecclesiam suam*, que es justamente uno de los documentos magisteriales que más espacio le concede al tema del diálogo. Y ahí, Pablo VI hizo una especie de retrato-robot de lo que es el coloquio de la salvación, del diálogo de Dios con nosotros, ofreciendo seis pistas que podemos trasladar a nuestro diálogo.

– *Primera: Dios nos amó primero.* Pablo VI afirma que el diálogo de la salvación es un diálogo iniciado por Dios, porque él nos amó primero. Llevémoslo a nuestra realidad. Cuando alguien nos ha herido profundamente, ¿quién toma la iniciativa para volver a dialogar? Si yo miro a Dios y lo contemplo herido, resulta que es él el que ha amado primero y da el paso primero. Aquí hay una llamada para todos nosotros como pueblo creyente y seguidor del Señor. San Ignacio, en los ejercicios, lo pone en la meditación al Rey eternal, «para los que más se quieran afectar».

Quizá haya que hacer un doble salto mortal de generosidad –y nunca mejor dicho–, un doble salto mortal, porque hay que morir mucho a uno mismo –o a una misma– para volver a dar un paso adelante en el diálogo con alguien que te ha herido profundamente. No estoy hablando de cosas pequeñas. Estoy hablando de cosas grandes.

– *Segunda: el diálogo brota de la caridad.* Dice Pablo VI que el diálogo en el coloquio de la salvación, donde se produce el diálogo de Dios con el hombre, nace de la caridad. Si no es con amor, mejor no hacer ciertas cosas. La caridad fraterna tiene sus pautas –y es de las pocas veces que Jesús da pautas: si no hay caridad, mejor no hacerla–. Si detectamos que algo que queremos decir al otro tiene ribetes malos y no nace de la caridad, mejor no decir nada, pero, si nace de la caridad, dilo, porque es un imperativo por el bien de todos.

– *Tercera: el diálogo es gratuito.* El diálogo de Dios con nosotros es gratuito, en el sentido de que es un diálogo sin límites, sin interrupción, una y otra vez. Tenemos un Dios que está permanentemente dispuesto al diálogo, así como alguien que ha preparado unos manjares y está ahí, esperando en el asiento a que alguien quiera sentarse a su lado para hablar.

Esta gratuidad implica un diálogo sin límites y sin cálculo. Nunca se sabe qué va a pasar después de un diálogo profundo. Por eso nos llena tanto cuando se produce, porque está abierto a la sorpresa: «No pensaba yo que esta persona iba a ser así», «yo le imaginaba de tal forma y de repente me ha sorprendido».

– *Cuarta: el diálogo se produce en libertad.* La raíz del diálogo aparece distorsionada cuando obligamos a alguien a dialogar con otro, pues nace de una deficiente disposición o predisposición. La imposición dificulta enormemente el diálogo.

– *Quinta: el diálogo es inclusivo.* El diálogo de Dios con la humanidad es universal, ninguna persona debe quedar fuera de la oferta de diálogo. Pensemos en nuestra propia vida y en alguien a quien negamos la palabra por las razones que sean. Debemos buscar los tiempos y los momentos en los que nuestra actitud interior desee no negar la palabra.

– *Sexta: el diálogo es pedagógico.* El diálogo de Dios con la humanidad y las palabras del Señor tienen un componente pedagógico o mistagógico, porque se adapta continuamente al interlocutor. Hay detalles que nos pasan por delante de los ojos y no nos damos cuenta. Yo, leyendo la vida de Bernadette de Lourdes, me llamaba mucho la atención que quedara escrito que a ella la Virgen le hablaba en occitano en lugar de en francés; lo hacía en el lenguaje que ella mejor entendía. Dios se busca los modos y maneras para hacerse entender según nuestras categorías, que también las hace suyas.

Para que el diálogo se adapte absolutamente a la circunstancia, lugar, historia y proceso de cada persona, ha de seguir cuatro principios inalienables, mencionados también por Pablo VI:

1) Claridad: lo dice san Pablo en la primera carta a los Corintios: «Si al hablar no pronunciáis palabras inteligibles, ¿cómo se entenderá lo que decís?, es como si hablarais al viento» (1 Cor 14,9). Esto es un ejercicio espiritual. Hay una cierta tentación de pensar que solo en un lenguaje un tanto oscuro y elevado, no sé en qué términos, se puede expresar la experiencia de Dios. Sin embargo, sobre ese lenguaje afinado hay que realizar un ejercicio espiritual que consiste en dotarlo de claridad e inteligibilidad.

2) Afabilidad: no podemos iniciar diálogos sin una actitud de afabilidad. Miremos a Jesús, que nos dice: «Aprended de mí, que soy manso y humilde» (Mt 11,29). ¿Cómo vamos a encontrarnos con otros si somos unos impertinentes? Perdonadme que lleve esto ahora al ámbito de los sacerdotes: un sacerdote, que es una figura que remite a lo religioso, no se puede permitir no ser afable, porque es un pastor que tiene que cuidar de la gente. Esto está en el ADN del ser pastor.

3) Confianza: tenemos que restaurar la confianza en el valor de la propia palabra y en la capacidad del otro para recibirla. A veces hemos cercenado el diálogo antes de empezarlo porque ya decimos «Esta persona no me va a entender». Pues quizá si cambio las palabras, si la trato con afecto, si confío en Dios... quizá algo cambie.

4) Prudencia: no me refiero a la prudencia como la mal entendida y peor aplicada inacción –prudencia mal en-

tendida, por ejemplo, ante denuncias de abusos sexuales–. Me refiero a la prudencia que supone sensatez y buen juicio. Es decir, saber cuándo y cómo, saber a quién, saber que en ocasiones no somos la persona indicada para decir algo, sino otra persona más cercana. La prudencia exige mucha inteligencia y mucha lucidez.

Estas cuatro pistas que nos ofrece Pablo VI conllevan la marca de la renuncia a uno mismo, el despojamiento y el vaciamiento. No es posible el camino a la reconciliación sin esas señas de identidad, de despojamiento y vaciamiento.

Comunión

La segunda palabra que nos ayuda a suavizar las polarizaciones y propiciar la paz y la reconciliación entre nosotros es «comunión».

«Comunión» es una palabra mayor, una palabra de las potentes y de las innegociables para nosotros, los creyentes. Porque, como ya se ha dicho: la comunión es un signo de la presencia del Espíritu, a quien yo le llamo «el artesano de la eucaristía». «Artesano», sí, me gusta la categoría de lo manual. Él es el que posibilita la comunión porque él es la comunión, y creo que sin él no podemos hacerlo.

La comunión realmente responde a uno de los anhelos más profundos del ser humano. Yo, que vivo en un colegio mayor con jóvenes que ya van saliendo en medio de este mundo tan conflictivo, polarizado, ruidoso…, puedo decir –en mi modesta y limitada experiencia– que hay en todo ser humano un anhelo de bien y de comunión. En todos hay cierto cansancio de tanto enfrentamiento.

Al hablar de comunión, partamos reconociendo que hay grados y niveles de comunión, incluso en el plano más humano. La cuestión es que alcancemos al menos ese grado de común-unión en el que todos podamos vivir pacíficamente, donde cada uno, individual y comunitariamente, haga su propio camino de profundización y hondura.

La eucaristía en sí misma es un desafío. ¿Quién de los que estamos aquí no ha experimentado alguna vez la dificultad de dar la paz a alguien en la misa porque sabes que no estás en comunión? Esto puede llevar a situaciones profundamente dramáticas. Yo colaboro con la asociación Betania, una asociación independiente que se dedica al acompañamiento de víctimas de abuso[3]. En este espacio me sorprenden grandes interrogantes cuando me he de sentirme en comunión con un sacerdote que preside la eucaristía y que de hecho sé que no tiene una conducta ejemplar, pues ha desarrollado, quizá durante años, comportamientos poco evangélicos que han causado muchas lágrimas. ¿Qué significa estar en comunión en esa situa-

---

[3] Dolores López Guzmán lleva bastantes años implicada en la reflexión sobre los abusos en el seno de la Iglesia y el acompañamiento de las víctimas. Antonio España, provincial saliente de los jesuitas en 2019, instó a la ponente a que pusiera en marcha el proyecto Jordán. Después de más de dos años, Dolores ha pasado el testigo a Valeska Ferrer, excelente mujer, doctora en derecho canónico.

ción? Porque la llamada es a estar en comunión. Y, como dice el Señor, es fácil amar a los amigos, pero ¿qué significa amar a los enemigos o a los que nos han causado heridas que van más allá de lo cotidiano, que te dejan marcas de por vida?

Todos estamos llamados a estar en comunión, a estarlo en un cierto grado y reflexionar precisamente qué significa la comunión cuando hay tantas heridas, algunas de por vida.

Por otro lado, los creyentes compartimos espacios muy importantes también con los no creyentes. Ahora está de moda hablar de la casa común, ese espacio compartido del hábitat de la Tierra, que compartimos todos: compartimos casa, lugares, personas. Por tanto, la comunión y el poder vivir juntos lo más pacíficamente posible es casi un imperativo humano y, desde luego, una aspiración de amor. Quienes deseamos amar al modo del Señor, como dice Rom 8, y tratar de reproducir su imagen, la llamada es amar hasta el extremo. Amar hasta el extremo tiene que ver con amar al enemigo, es decir, al que te ha provocado heridas graves a ti o a los que tú más quieres.

La comunión –con mayúscula– revoluciona los esquemas. Hay situaciones de las que al inicio huimos, pero, de repente, miramos al Señor y nos decimos: «Tengo que hacerlo». ¿Por qué? Porque el Señor es lo primero, el amor primero, esto es lo que cambia todo. ¿Cuál es nuestro centro y cuál nuestra periferia? Tener a Dios en el centro es algo muy fuerte que nos obliga a un desplazamiento interior continuo para amar hasta el extremo. Tan al extremo que a nuestro Señor le costó la muerte.

Una idea muy importante relativa a la comunión es que esta es posible con quienes no podemos vivir cerca. A este respecto, me gusta mencionar un texto de los Hechos de los Apóstoles en el que Pablo y Bernabé, que viajaban juntos, se tuvieron que separar por una discrepancia: Bernabé quería que Marcos los acompañara y Pablo no. Fue tal el desacuerdo que decidieron ir cada uno por su lado (cf. Hch 15,36-41). Aunque parezca paradójico, esta división afianza la comunión, porque supone tomar conciencia de que, para preservar la comunión, es preferible la separación y mantener unidos los ánimos, aunque sea en la distancia. Yo llamo a esto «la inteligencia de la reconciliación».

Reconciliación

La reconciliación es uno de los mayores actos de amor que puede hacer una persona. En términos teológicos, cuando es la obra del Hijo, es casi sinónima de «historia de la redención», es prácticamente decir «historia de la reconciliación». Lo que el Señor ha hecho en la redención es unir todas las cosas, unir la humanidad en su persona y en Dios, porque «reconciliar» significa unir lo que se ha desunido.

Para preservar la unión de ánimos y caminar hacia la reconciliación propongo cinco pautas breves:

– *Ir a lo esencial.* Como decía santa Teresa, Dios no se detiene en menudencias, hemos de ir a lo esencial. No olvidar lo que nos une. Podemos fijarnos en una comunidad de reconciliación ecuménica como es Taizé.

– *Aceptar la gradación.* Al igual que el diálogo y la comunión, también la reconciliación es gradual. El perdón se reduce a un instante, la reconciliación es un proceso.

– *Evitar el sentimentalismo.* En ocasiones pensamos que estamos reconciliados cuando hemos conseguido tener sentimientos agradables de pacificación. La reconciliación va mucho más allá de sentirse pacificado. Es más, puede ser que hayamos logrado la reconciliación y que permanezcan en nosotros sentimientos desagradables.

– *Sentirnos parte de la historia de la salvación.* La historia de la salvación se sigue realizando, y cada dinámica de reconciliación en la que estemos envueltos forma parte de esa historia, y esto nos lleva directamente a la última indicación, que no desarrollaré:

– *Dejar siempre a Dios ser Dios.*

Con santa Teresa de Lisieux termino para iluminar este camino del encuentro. Ya que estamos hablando de un amor extremo, Teresita decía que es realmente característico del amor sacrificarlo todo, dar sin medida, a manos llenas, renunciar a cualquier esperanza de obtener fruto, comportarse locamente, despilfarrar sin límite y no calcular nada.

Así, ¡sí es posible!

CLAUSURA

Mons. José Cobo Cano
obispo auxiliar de Madrid

Es bueno que hayamos dedicado un rato a profundizar en este tema de la polarización. Gracias tanto a PPC como al Instituto Superior de Pastoral por poner mesa y poder realizar este pequeño esfuerzo, que siempre es siembra. Los grandes retos no se hacen de la noche a la mañana, como hemos visto que sucede con el perdón y la reconciliación, sino que son procesos.

Dicen que un maestro hizo una pregunta a sus discípulos cuando estos ya estaban terminando todo su tiempo de instrucción: «Indicadme cuándo termina la noche y comienza el día». Los más aventajados respondieron: «Cuando eres capaz de asomarte a la montaña y distinguir un árbol de un arbusto». «Pues no, ese no es el momento», respondió el profesor. Otro que ya pensó un poco más respondió: «Quizá es el momento en el que ya empieza a aparecer la luz de la mañana, cuando empiezas a distinguir los animales: una cabra de un caballo». «Pues tampoco», dijo el maestro. Y alguien más dijo: «El día empieza cuando, viniendo aquí, puedes distinguir a un hombre de una mujer», dijo. «No...», dijo el maestro, y prosiguió: «El día empieza cuando, aun con poca luz, al mirar al que viene puedes reconocer en él a un hermano o a una hermana. En ese momento, no solo para ti, sino para toda la humanidad, comienza el amanecer de un nuevo día».

Creo que por aquí es por donde estamos, porque quizá el mejor antídoto para este mundo de polarización es que empecemos por esto, porque haya, aunque sea uno, alguien que empiece a reconocer, con una reflexión pausada, el rostro del hermano y de la hermana. Esta es la vacuna que tenemos los cristianos ante estos estados de polarización y estas son nuestras herramientas sobre las que habéis estado dialogando: el diálogo, la escucha y la identidad que da la fe misionera.

El cardenal Zuppi dice que en este mundo nos faltan ideas y nos sobran ideologías, y creo que es verdad. En este mundo en el que vivimos las ideologías siempre son las que se manejan, y cada una responde a aporías siempre desencarnados. Por eso, la defensa de las ideologías supone una vinculación afectiva tal que lleva a hacer la guerra por ellas, poniendo por delante de la persona la ideología, cueste lo que cueste.

Si aportamos ideas, ya estamos en un escenario distinto, porque las ideas pueden responder a la realidad y tienen el don de que, para presentarlas, por lo menos los cristianos, tenemos que hacer una lectura de la realidad, tenemos que interpretarla y comprenderla, y entonces cambian las cosas.

La polarización sobre la que hemos reflexionado hoy nos duele más –y duele más a nuestro pueblo– de lo que pensamos. La polarización, primero, nos aleja a unos de otros. Esto es durísimo, porque divide a las personas y borra rostros. Desaparecen los rostros. Entonces los rostros se convierten en un tuit o en un enemigo al que se le puede echar lo que se quiera encima. Esto nos hace colocar la ley, la moral o mi ideología por encima de la fe. Por muy creyentes que nos vemos, no somos capaces de situar la fe por encima de visiones particulares, y eso divide.

La polarización rompe con el Evangelio y, ¿sabéis por qué? Porque excluye la mirada de los otros y nos ponemos en lugar de Dios, que es quien realmente mira por encima de nosotros y tiene la mirada de la diversidad. Dios nos ha creado en diversidad desde el principio y, de repente, nos colocamos como poseedores del árbol del bien y del mal y desplazamos como siempre a Dios. Por eso muchas veces se nos escapa decir «sí» o «no», «tú sí» o «tú no». Frente a la cantidad de grises que tiene la vida nos convertimos en jueces. Ese es nuestro pecado: ir eliminando unos caminos y otros cuando el Evangelio dice que solo Dios es el que juzga.

La polarización nos lleva a que, en un mundo que está lleno de grises, guiados por la emotividad, percibamos todo como blanco o negro. «Tú eres blanco», «tú eres negro», «tú eres de derechas», «tú eres de izquierdas», «tú eres conservador», «tú eres progresista», y ya, afectivamente, quien no es como yo me coloca en un sitio distinto y yo le miro de otra manera.

Sin embargo, existen en la Iglesia pequeños grupos, como vosotros –que tenéis cara de buenos–, que hacen esperar que el Evangelio siga creciendo y creciendo. Porque si algo puede la fe es poner rostros. La ideología siempre quiere construir la realidad, y una realidad sin rostros. La fe siempre pone rostros en primer lugar y reconoce la realidad a través de rostros concretos.

La fe nos va a ayudar a transitar la diversidad al paso de la fraternidad, sin más don que el corazón, y a manejarnos en la diversidad, porque la biodiversidad es el camino que Dios nos ha puesto.

Me gustaría terminar proponiendo dos imágenes y textos centrados en la mirada de Jesús. En primer lugar, traigo el texto de la adúltera, a quien todos querían apedrear (cf. Jn 8,1-11), cada uno con su piedra, piedras como las que cada uno de nosotros llevamos en el bolsillo –esos tuits que llevamos para lanzarlos inmediatamente a los contrarios–. Frente a ese mundo que quería apedrear a aquella pobre mujer –que ya había sido etiquetada como «mala» y «pecadora»– Jesús cambia el paso y se pone a ras de tierra. Se mancha con el barro, que no es lo políticamente correcto. Y desde el barro, desde el suelo, Jesús es capaz de mirar a aquella mujer cabizbaja y recuperar la mirada y decirnos: «Quien esté libre, quien no mire por encima al otro, que tire la primera piedra», y continúa el evangelio indicando que ninguno se atrevió. Ninguno, porque Jesús les cambió el paso, porque Jesús les ayudó a ver que no solo era una adúltera. Ahí, desde el barro, es como se ven las cosas. Y esa es nuestra mirada, la mirada de la Iglesia. No tiene otra. Si no miramos de la misma forma que Jesús, no lo estamos haciendo bien.

La segunda imagen la encontramos en el evangelio de Marcos (9,33-37). Jesús, mientras caminaban, aborda a sus discípulos y les pregunta sobre qué discutían por el camino. Nos dice el texto que ellos callaron. Jesús continúa: «Quien quiera ser el primero que sea el último de todos y el servidor de todos». Y tomando un niño lo puso en medio de ellos, lo abrazó y les dijo: «El que acoge a un niño como este en mi nombre me acoge a mí, y el que me acoge a mí no me acoge a mí, sino al que me ha enviado». En el niño están todos: las víctimas de la polarización, los últimos y toda la sociedad, que nos espera también como Iglesia para responder.

Gracias por hacer de este encuentro una semilla de tránsito para afrontar los problemas y mirarlos con los ojos del Evangelio, con los ojos de Jesús.

ÍNDICE